ADVICE 32

人生
從不做多餘的事
開始

一 日 一 禪 語 的 正 確 生 活

（原書名：禪教我不做多餘的事）

禅 の 教 え

余 計 な こ と は や め て み る

UENISHI AKIRA
植西聰——著
葉廷昭——譯

木馬文化

人應當效法浮雲，放下執著、別無所求，領會無心的境界生活。

目次

第二章　在能力所及範圍內盡力而為就好……043

第三章　盡人事聽天命的生活方式……069

第四章　捨棄欲望而生……091

第五章　逐一解決眼前的問題……115

前言

將禪簡單帶入生活

「我每天過著焦躁無比的生活。」

「一想到將來就心神不寧，不知該如何是好。」

「生活忙碌不堪，我已經累壞了。」

「我擁有很多東西，內心卻始終不滿足。」

許多人都有上述的煩惱。

他們也不是真的特別不幸的人。

嚴格來說，他們算是過著幸福的生活。

不過，卻不覺得自己幸福。

而且內心深處，總懷著某種不愉快的心情度日。

細究其原因，不外乎以下幾個理由：

「他們將不必做的事情，當成『非做不可、不做會很嚴重的事情』。」

「他們將不必要的東西，當成『無論如何都必需得到的東西』而太過拚命。」

「他們將無關緊要的事情，當成『極為嚴重的事情』而太過煩惱。」

這就是結論。

解決的辦法也很簡單：

「不必做的事情，就別去做。」

「不必要的東西，就別去求。」

「無關緊要的事情，就別受影響。」

只要記住這幾點就好了。

各位不妨銘記「不做」、「無所求」、「不受影響」的三大原則，過上輕鬆自在的單純生活。

如此一來，心情自然神清氣爽。

神清氣爽，生活就能過得海闊天空。

本書就是要跟大家分享一些實現愉快生活的方法。

書中汲取「禪」的妙語和觀念，幫助各位了解「不做」、「無所求」、「不受影響」的實踐要訣。

禪宗，是源自古印度的佛教所衍生的宗派。

也是秉持佛教思想，努力實踐「不做」、「無所求」、「不受影響」等生活哲學的宗派。

禪宗的妙語和觀念，有現代讀者難以理解的部分，本書會盡量解說得簡單易懂。

所以，請各位輕鬆閱讀就好，有不少觀念都是各位能輕易辦到的。

本人衷心期望，書中的內容能幫各位過上更好的生活。

植西聰

第一章

掌握「無心」的境界度日

不要操多餘的心

——捨棄無謂的擔心和煩惱

我們經常會操多餘的心，結果弄巧成拙。

例如，某位女性有個男朋友。

那個男朋友，最近對她不怎麼溫柔。

她的心裡充滿各式各樣的焦慮，一下擔心男朋友討厭她、一下又擔心男朋友在外偷吃，然後整天對男朋友精神轟炸。結果，受不了嘮叨的男朋友真的覺得她很討厭了。

其實，男朋友並沒有討厭她。最近疏於溫柔照料，純粹是工作繁忙的緣故。在戀愛關係之中，常有這種「愛操心」導致感情惡化的情況。

有句禪語叫「無心歸大道」，所謂「大道」是指沒有謬誤的正確生活方式。

有些人以為「無心」是「放棄思考」的意思，這個見解未必是正確的。要活得有智慧，好好「思考人生」當然是很重要。然而，庸人自擾也是最愚蠢的事情。

捨棄無謂的擔心和煩惱，就是禪學訓示的「無心」。換言之，這句話的意思是，拋開多餘的擔心和煩惱，就能過上正確的人生。

遺忘討厭的回憶，這才是為自己好

——要懂得遺忘，才能心安

有些人總忘不了「討厭的回憶」。

例如，在眾人面前被別人嘲笑的過往。

愛記恨的人，會一直忘不了那個嘲笑自己的人。

一想起那個人，就克制不了憤怒的情緒。

最後，他們的觀念愈來愈偏激，總想著要找機會報復對方。

抱持這種記憶活下去，對自己的人生根本毫無益處。

就算真的報復成功，心情也絕不會暢快。搞不好和對方激烈口角，心中的怒火一發不可收拾。

討厭的記憶應該「盡早遺忘」，而不是「念念不忘」。

有句禪語叫「坐忘」，亦即「一坐即忘」。

意思是透過坐禪，遺忘所有心生雜念的事物。這句禪語是說，一直在意討厭的過往，只會讓自己的人生不幸。

「遺忘」才是安心過活的訣竅。

成就大事時，更該謙虛
——貫徹「大智若愚」的生活方式

成就偉大功業的人，往往會向周遭的人炫耀。

他們會到處吹噓：「怎麼樣，看我多麼了不起啊！」

這種人因為自視甚高，常擺出一副「我跟你們這些才華平庸的人不同。我是高人一等的人上人」的高傲態度。

他們也因此被周圍的人厭惡、孤立。

失去了大家的協助，到頭來也搞砸了自己的氣運。

因此，在成就大事時，最好不要志得意滿，這種時候更該謙虛待人。

有句禪語叫「百不知、百不會」。

「百不知」是指「一無所知」之意。

「百不會」是指「一無理解」之意。

在禪宗的觀念裡，悟道的修行僧必需恪守「百不知、百不會」的教誨。

也就是說，即使已經「證悟得道」時，也不能因此表現出驕傲自大的態度。

就算已經悟道，也要保持謙虛的態度，不炫耀悟道的體認、不誇示自己對悟道有何見解，常保大智若愚的態度。

這樣才可安心過活，不會招致反感。

與其討好別人，不如好好過活

——努力追求夢想，自然受人青睞

「我想討好某個人。」

「我好想獲得某人的青睞。」

很多人懷抱這種念頭，對心儀的對象逢迎拍馬。

不過，這樣做不見得會受青睞。

有時候，反而會讓對方有所警戒，或是產生不愉快的感覺。

有句禪語叫「百花春至為誰開」。

春天的花草樹木盛開，並不是要討誰的歡心。

也不是要獲得什麼人的稱讚或青睞。

花草只是順應天命，努力生存而已。然而，花草「努力生存」的模樣，感動了許多人佇足欣賞。

另外，這句話也是在讚美那些努力生存的花草。

換言之，這句禪語的意思是，不要為了討人歡心而逢迎拍馬。努力追求自己的夢想或志向，自然會有人欣賞我們「努力求生」的模樣。

試著鍛鍊自己「專心致志」

——安排一段專心喝茶的時間

禪宗有一種觀念是「做某件事時，要專心致志」。

「逢茶喝茶、逢飯吃飯」正是體現這個觀念的禪語。

意思是，該喝茶的時候專心喝茶，該吃飯的時候專心吃飯。

所以，喝茶時看報紙、吃飯時看電視之類的事，在禪門中是不允許的。

喝茶時就專心喝茶，不可以做其他的事情。

這種「一心多用」的生活態度，長期下來會成為「心不定」的根源。

對一般人來說，要貫徹禪學的生活方式很不容易。

但，倒是可以試著實踐「逢茶喝茶、逢飯吃飯」的觀念，當作提高集中力的訓練。

例如在傍晚喝杯茶，不要看報紙或做其他事情，只專心喝茶就好。吃早餐的時候，不要看電視或做其他事情，只專心吃飯就好。

這種訓練方式持之以恆，有助提升工作上的集中力。

安排一段去除雜念的時間

——眺望浮雲，舒展心靈

有句禪語叫「孤雲本無心」。亦即抬頭仰望天際，看到了一朵浮雲。這裡的「本」是指本來或原來的意思。

整句話的涵義是，飄在天上的雲彩沒有任何貪求執著，純粹是無心飄在空中。

當然，這也隱喻了一種「生活方式」。

我們應該仿傚孤雲，過著沒有貪求執著的生活，這才是禪宗理想的生活方式。

現代社會中，有很多人每天忙碌奔波。

遇上不如意的事情就憤怒焦躁，過得相當不自在。

心裡累積了許多壓力，身體也疲憊不堪。

這種生活持續下去，就容易產生厭世的心理，好比心情低落、欲振乏力等等。

為避免這種厭世的心態，參考這句禪語調劑身心是個不錯的法門。我們可以眺望雲彩，從欲望或執迷中解放自己的心靈。只要保持無心的境地，茫然眺望雲彩就好。就算放空的時間不長，也能體驗到禪宗的理想生活方式。

捨棄雜念即可放鬆心靈，重拾生活的動力。

唯有捨棄執著，才能正視現實

——捨棄執著過活

一直堅持不可能辦到的事，在佛教中就稱為「執著」。

執著，是害一個人不幸的根源。例如跟蹤狂，明明被對方強烈拒絕，還是死纏爛打不肯放棄。

儘管那樣做根本沒用，那些跟蹤狂就是看不開。

他們愈是死纏爛打，就愈被人厭惡，但他們完全沒有注意到這點。

像這種人，就是心靈被執著束縛了。

到頭來害人又害己。

有句禪語叫「一翳在眼，天花亂墜」。意思是當事人視野不清，還誤以為空無一物的天空有百花撩亂。所謂的視野不清，就是被執著束縛之意。

被執著束縛的人，會受虛妄不實的幻覺影響，幹下愚蠢的事情。

最重要的是，消除遮蔽視野的陰影，亦即消除執著。

這樣才能看清現實。當我們了解無謂的執著並沒有意義，才能制止自己幹下蠢事。

置身於「遺忘時間」的環境

——在山中悠閒度日

現代人多半過著緊張忙碌的生活。

例如，在上午十點前得完成某件工作，十二點就要驗收成效。下午兩點又得和某個人見面，忙得不可開交。

記事本上寫滿密密麻麻的事項，每天光是完成那些工作，就累得暈頭轉向。

這種生活過久了，就會產生「想要悠閒度日」的心情，擺脫各種「義務」和「忙碌的行程」。

在這樣的情況下，前往高原或山中等自然場所，會有很棒的效果。

大自然會帶給我們的心靈解放感。

有句禪語叫「山中無曆日」。簡單翻譯就是：待在深山裡容易忘記時間。

換句話說，我們可以從忙碌的生活中解放，不必擔心幾點要完成什麼工作，或者沒完成該怎麼辦。

平時忙碌的讀者，不妨利用假日到大自然中，體驗一下何謂「山中無曆日」的生活，好好療癒自己的心靈。

去住山裡的民宿也是不錯的選擇。

在大自然裡過上兩、三天悠閒的日子，忘記忙碌的時間，一定能洗滌疲憊的心靈。

不問「生存方式」的意義，懷抱無心的境地生活

——平凡過活，不要思考太多

有句禪語叫「平常心是道」，有一則故事是這樣的：

某個修行者問禪師。

「道是什麼？」

「道」就廣義的角度來說，是指「人的生活方式」。

我們稱佛教的修行為「佛道」，這裡的「道」也代表「禪僧修行的法門」之意。

換言之，這位修行者想知道，身為一個人該如何生活、身為一個禪僧

又該如何修行。

禪師的回答是：「平常心是道。」

意思是，懷抱平常心生活、秉持平常心修行。

現在「平常心」是很常見的字眼，相信大家都明白它的涵義。

不過，修行者又問了。

「那麼，何謂懷抱平常心生活？何謂秉持平常心修行？」

禪師告訴他，想太多反而容易走上偏鋒。太鑽牛角尖，就容易偏離正道犯下錯誤。

禪師的用意是，不要過度思考「生存方式」或「修行進展」的意義。就某種意義來說，抱持更輕鬆自在的心情，不帶心思地順勢而為比較好。

對亟欲達成某些目標的人來說，這是一句頗有助益的禪語。

想要做什麼時，先從「無心」開始

——凡事秉持「無心」的境界

「思考太多反而畫蛇添足、自討苦吃。」

「想要辦好一件事情，反而導致事態惡化。」

這就是禪的觀念。

所以，禪宗才會提倡「秉持無心的境界過活」。

有句禪語叫「無心歸大道」。

這也是在談論「無心」的妙語。

所謂的「回歸大道」，是指實踐沒有謬誤的正確生活方式。

亦即「無心」才能過上正確的生活。

當然，「無心」不是整天發呆不動腦的意思。

也不是要我們放棄思考。

「無心」的意思是，放棄「求好心切、求人稱讚、求取利益」的想法。

某個書法家曾經說過：

「心術不正是寫不出好字的。」例如「想要寫出一手好字，在展覽會上獲得好評」、「吸引書法愛好家高價收購」等等都是心術不正。

所以書法家在下筆前，會先坐禪集中精神，等掌握「無心」的境地才動筆。

其實做任何事情，保持「無心」都是很重要的。

第二章

在能力所及範圍內盡力而為就好

「認真生活」自然會受人青睞

——拋開「想引人注目」的念頭

「我想受人青睞。」「我想受人矚目。」

任何人心裡都有這樣的念頭。

有些人為達成這些目的，會四處彰顯自己的能力，大肆宣傳自己的實績，甚至刻意打扮自己的行頭。

不過，再怎麼炫耀、宣傳、打扮也不見得會受大家歡迎。反而可能遭人冷眼相向，弄得自己也不愉快。

努力宣傳自己也不一定會受人矚目。說不定還會被眾人忽視，飽嚐痛苦的經驗。

有句禪語叫「花無心招蝶」。花朵不會特地做什麼事情，以吸引蝴蝶的青睞或注目。

花朵純粹只是努力生存，不帶半點不純的動機。然而，花朵努力生存的美麗姿態，自然會吸引蝴蝶聚集。

這句話的意思是：「人要像花一樣捨棄『想引人注目或青睞』的念頭，『無心』過好自己的生活就好。這樣一來，許多人就自然會聚集到周圍來。」

我們不必做多餘的事情，盡力在生活中完成自己的使命即可。

這才是最棒的自我推銷方法。

不必刻意展示自己
——展現自己真實的一面，不要投機取巧

禪宗有一句常見的話叫「大巧若拙」。

所謂的「大巧」，是指技能上十分出眾之意。

「拙」是拙劣的意思。

換言之，擁有優秀技能的人，做出來的東西乍看之下沒什麼了不起。

好比繪畫就是一例。

名人或天才描繪出來的圖畫，乍看之下就像小孩子的拙劣塗鴉。

這句禪語引申的意思是，不要刻意表現自己很優秀。

有些人為尋求眾人的評價或稱讚，會用投機取巧的手段來彰顯自己，

反而容易給人矯揉造作的印象。

所以，這句話是說「不必投機取巧」之意。

秉持自然作畫的原則、展現最真誠的一面，不需要在意別人的看法。

這樣才能畫出有個性、充滿深奧精神的作品。

其實不只是繪畫，任何事情都是如此。

大家最好不要投機取巧，刻意吸引別人的目光。

常保真誠的自我，才能獲得共鳴。

與其當個聰明人，不如當個笨人

——愚笨的人人生比較充實

江戶時代後期，有位名叫良寬的禪僧，他寫下許多獨特的書法，性情也十分平易近人，至今仍廣受愛戴。

良寬總是自稱「大愚良寬」。

所謂的「大愚」是指非常愚笨的意思。

在禪宗的世界裡，有一個觀念是「與其當個聰明人，不如當個笨蛋了不起」。

聰明的人往往喜歡展現才幹，結果弄巧成拙。

例如，常對別人的事指手畫腳，反而被當成一個很嘮叨的人。

或者炫耀自己的知識或深沉思維，惹來眾人反感。
禪宗不樂見這樣的生活方式。
因此，才有這種「大智若愚」的教誨。
愚笨的人不會對別人指手畫腳。
也不會炫耀自己的能力。
他們有自知之明，懂得謙虛生活。
而且，也懂得腳踏實地做自己該做的事情。
禪宗認為，這種「大智若愚」的生活方式，才是接近悟道的境界。
在現代社會打拚，也許秉持「大智若愚」的方式生活，遠比逢迎拍馬的人生充實。

抱持孑然一身的覺悟生活

——不是「捨棄」，而是「心無常住」

有句禪語叫「本來無一物」。
意思是「人生而在世，本來就是孑然一身的」。
當然，孑然一身不會有任何財產。
也不會有地位或權力。
更遑論知識或學問。
連名譽也是付之闕如。
我們就是孑然一身來到世上的。
禪宗認為，開始修行時就要捨去一切，重拾出生時孑然一身的狀態。

沉且，捨去一切回到孑然一身的狀態，才能發揮我們最堅韌的生命力。

「本來無一物」也有這樣的意義。

當然，在現代社會生活的人，沒辦法像修行僧那樣捨去一切只留下孑然一身。財產和地位也無法輕易捨棄，否則我們活不下去。

不過，我們可以「不依賴」那些事物。

當我們想依靠權力或知識來做事，生命力也會無形中減弱。不依靠那些東西，抱持孑然一身的覺悟做事，反而能發揮強韌的生存能力。

「無所依賴」正是禪宗教導我們的生活哲學。

縱使孑然一身，人類也有重新振作的能力
——失去了重要的東西，也不要自暴自棄

有些人因為運氣不好，在人生中失去了很重要的東西。

例如捲入糾紛中失去寶貴的財產。

或者被公司裁員丟了工作。

更糟糕的，也有地位和立場被剝奪的情況。

當事人自然承受很大的精神衝擊，難過和失落也是在所難免的。有的人為了逃避痛苦的現實，會去做出愚蠢的行為。好比酗酒造成酒精中毒、自暴自棄鋌而走險等等。

不過，這樣做完全沒有好處。幹下那些愚蠢的事情，我們也無法逃避

痛苦的現實。

有句禪語叫「花謝樹無影」。

意思是，冬天來臨時樹上的花葉凋零，整棵樹變得空無一物。

這句禪語的「樹」其實是隱喻人。「花葉凋謝」則是隱喻失去身外之物。

儘管失去所有，也不該自暴自棄。凋零的樹木到了春天又會綻放花葉。

人類也具有同樣的再生能力。失去一切的人只要努力求生，一定會有時來運轉的機會。重要的是不要放棄希望，繼續腳踏實地努力下去。這就是禪語的教誨。

拋去固定觀念，自由自在地生活

——不要用固定觀念束縛自己

鎌倉到室町時代，有一位禪僧叫夢想國師。

有一天，足利直義將軍前去拜會夢想國師。直義將軍是室町幕府的開創者足利尊氏的弟弟。

直義對禪宗很有興趣，但這件事也帶給他很大的煩惱。所以他前來向夢想國師討教，請求對方指點迷津。

直義問道：「我是武將、也是政治家，然而我也篤信禪宗的教誨。是否必須捨棄武將和政治家的身份，才能夠悟道？可話說回來，我也肩負支持幕府的重責大任，要負起這個責任是否該捨棄禪宗的信仰？」

對於直義的這個問題，夢想國師用「別無功夫」這句禪語回答。

禪宗所說的「功夫」也意味著「非做某件事不可」。

換言之，夢想國師告訴他，不必為了求道拋棄武將和政治家身份，也不必為了履行武將和政治家的義務，捨棄禪宗的信仰。

簡單說，就是要他別鑽牛角尖，不要被固定觀念束縛。

現代人常受固定觀念束縛，而深受其擾，捨棄這樣的觀念才能活得自在。

自在生活，不要受他人的生活方式束縛

——沒有道路，就不會迷路

禪宗之一的曹洞宗開宗祖師道元曾經說過：

「天空沒有道路。

不過，在天上飛行的小鳥，不會搞錯覓食和鳥巢的方向。

每天一大早，牠們就會飛去覓食，到了傍晚就順利回到巢中休息。」

道元是用這個比喻，來形容「人的生活方式」。

換言之，他主張的是：「學習小鳥，自在過活就好，不要依靠『道』。」

這裡所謂的「道」，是指「人必須如何過活」的謬誤。

有學問的人，喜歡指導別人正確的生活方式。很多書本上，也訓示我們該如何過活。

這也是在指示我們「為人處世之道」。

有些人會受知識份子或書籍影響，認為人生非如何過活不可。

不過，也有不少人太拘泥於別人的教誨，反而畫蛇添足、東施效顰。

道元的用意是，我們不必執著別人主張的「生存方式」，順從自身本能自在過活就好。

這種生活方式，反而更能朝著目標「一直線地飛去」。

進入「無心」的境地放輕鬆，更容易發揮實力

——捨棄多餘雜念，放鬆身心

有句禪語叫「身心脫落」，是形容「頓悟境界」的字眼。

亦即人在悟道後拋開多餘的雜念，身體也會自然放鬆的意思。

某位職棒選手曾經說過：

「人嘛，總有狀況好或不好的時候。

狀況好的時候，一到打擊區就會進入無心的狀態。

這時候不會有『非打出安打不可』或『我要成為英雄』的念頭。

身體也變得輕鬆自在，不會用上多餘的力氣。

可是，狀況不好時就沒辦法這樣了。

我在心裡會一直想著『非打出安打不可』等各種雜念。

這樣反而失去專注力，導致不好的結果。

另外，身體也會用上多餘的力氣，影響到打擊的成效。」

那個選手還說：「狀況不好時，總是努力拋棄心中的雜念，提醒自己的身體放輕鬆。」

說穿了，這也是「身心脫落」的意識。

而「身心脫落」也可以說是「引出自身極限的最佳狀態」。

不論在什麼場合，當我們面對緊要關頭時，常保「身心脫落」才能發揮最大力量。

比起爭名逐利，更應該貫徹志向

——名利皆浮雲

有句禪語叫「名利共休」。

所謂的「名」是指追求名譽的生活方式。

所謂的「利」是指追求利益的生活方式。

而這裡的「休」則是「不要這樣做」之意。

這句話是說：「追求名譽的生活方式是虛無的；追求利益的生活方式沒有意義，我們不該這樣生活。」

那麼，究竟該如何生活呢？禪宗的教誨是：「專心一意修禪，追求開悟的境界。」

曾經有人用這句禪語，替自己命名。

這個人是茶道的創始者，利休（日本安土桃山時代的人）。

利休用這句禪語替自己命名，是想藉由這句禪語投射自己的心境。

也就是說：「我不需要追求名利的生活方式。與其浪費那個時間，不如用盡所有的心力，來打造自己的茶道世界。」

利休的心態，一般人應該比較容易理解。

找到自身的志向，選擇追逐夢想的人，為了完成自己的志向或夢想，最重要的就是要有決心排除任何欲望所造成的阻礙。

不可貪圖一時的享樂，迷失重要的生存方向

——貪圖享樂無法獲得幸福

有一個故事是這樣的：

某個貧窮男子，結交了富裕的好友。

有一天，貧窮男子去找好友，拜託對方請他喝酒，因為他沒錢買酒喝。

富裕的好友也爽快答應了，不過好友有事必須外出，所以沒辦法陪他一起共飲。

好友在外出前，偷偷在男子脫下的外套裡，縫入一塊高價的寶石，希望他的日子能過得好一點。

不過，貧窮男子喝醉了，根本沒發現外套裡縫了寶石。

這個故事衍生出一句禪語叫「明珠一顆」。

「一顆」是指「一個」的意思。

「明珠」自然是指「寶石」了。

簡單來說，這句禪語是用寓言告訴我們：「若貪圖一時的享樂，就不會注意到幸福人生的寶石存在。」

另外，「明珠」也意味著我們珍視的生活方式。

當中的教訓是：「不要貪圖一時的享樂，重新找回自己重視的生活方式，這才是掌握人生幸福的真正法門。」

許多現代人為貪圖一時享樂，糟蹋了自己寶貴的人生，禪語告訴我們這是很愚蠢的事情。

不要做一些妨礙自己達成目標的事情

——以達成目標為重

江戶時代後期，有一位叫良寬的禪僧。

大家都知道，良寬是很愛好大自然之美的人。

關於良寬，有個故事是這樣的：

某天良寬的朋友來邀請他：「我家庭園美麗的櫻花正盛開，要不要來賞花？」良寬很開心地接受了邀請。

去到朋友家裡，良寬發現還有很多人參加。

賞花大會開始後，良寬陶醉在美不勝收的花海之中。

不過，他觀察周遭的來客，大家都忙著飲酒作樂，根本沒有人在賞花，於是良寬吟唱一首和歌：

「花海盛開，無人青睞。今朝飲酒，明日美景不再。」

這是一首頗有暗諷意味的幽默和歌，利用日文中「盛開」（sake）和「酒」（sake）的相同發音來鋪梗，意指「櫻花」本該是宴會主角，結果「酒」反倒喧賓奪主了。

這首和歌，還有更深厚的涵義。

就是「不做多餘的事妨礙目標，要以目標為重」。這也符合禪宗思想的觀念。

在宴會上「賞花」是第一目標，不應讓「飲酒作樂」妨礙這個目標。

就這種意義來說，這首和歌的禪意也能用來警惕人生。

實行具體的點子才有意義

——實踐「實用的知識」和「具體的議論」

有句成語叫「紙上談兵」。

也就是實際上完全派不上用場的意思。

禪語也有類似教誨。

那句禪語叫「畫餅充飢」。

所謂「畫餅」是指「單純的知識」或「抽象理論」之意。

「畫餅充飢」的意思則是「對於解決實際問題，一點用處都沒有。」

一個肚子餓的人，拚命看畫上的餅也無法填飽肚子，搞不好還會愈來愈餓。

要填飽肚子，還是得吃到現實中的餅才行。

換言之，在解決具體的麻煩時，「實用知識和具體議論」遠比「單純的知識和抽象理論」更加重要。

另外，以實際行動去實踐「實用的知識」或「具體議論」也很重要。這樣才能掌握解決問題的關鍵。

禪語「畫餅充飢」指的就是這個意思。

例如公司召開會議，討論該如何重振業績。

在會議上爭論「單純的知識和抽象理論」，也無法解決任何問題，會議本身也將變得毫無意義。

第三章

盡人事聽天命的生活方式

不要杞人憂天，凡事總有辦法解決
——遇到任何事情，都要保持冷靜

室町時代的臨濟宗，有位名叫一休的禪僧。

有個關於一休的故事是這樣的：

某天，一休快要圓寂了。

他召集眾弟子，將遺書交給他們。

不過，一休交代那些弟子：「我死後不要馬上打開遺書，遇到無解的難題時再打開來看看。遺書裡面記載了解決問題的良方。」

一休死後數年，發生了一件嚴重的事情。

弟子們認為是時候打開遺書了。

他們打開遺書一看，上面只寫了三句話：

「放心，別緊張，船到橋頭自然直。」

一休這句話，其實隱含深厚的禪理。

當我們遇到麻煩時，驚慌失措是很不智的行為。這種慌張的行為，違背了禪宗「坐禪以求心靈平靜」的教誨。

修禪的人遇到麻煩，也要保持心平氣和才行。

因此，我們不能遺忘「船到橋頭自然直」的樂觀想法。

遇到問題時，這才是最聰明的解決之道。

這種禪理對現代人也很有幫助。

並非一定要等萬事具備才能做好工作

——用最低限度的資源，樸實完成工作

有句禪語叫「漁夫生涯竹一竿」。

意思是「漁夫討生活，有一根釣魚的竹竿就夠了。」

換言之，工作營生不需要「多餘」的東西，有最基本的資源就夠了。

當然，漁夫捕魚不只需要竹竿，可能還需要魚鉤和線吧。

有時候，搞不好還需要魚網或扁舟。

不過，這句禪語只是在強調「不需要太多東西」的意思。

現代人在工作上，也能參考這句禪語。

上班族常說：「想增進工作效率，一定要有最新的機器。」

再不然就是：「人才和資金都不足，還需要更多。」
或是：「還要更多調查資料，資料多多益善。」
總之，大家永遠不懂得滿足。
問題是，就算萬事具備也不見得能做好自己的工作。
也沒人敢保證一定能獲得輝煌的成果。
用最低限度的資源，樸實完成手頭的工作，反而能做好工作、達到好成果。
這就是禪語告訴我們的教誨。

畫蛇添足，反而陷入困境

——順其自然，聽天命而生

某個圍棋棋手，說過一段親身經歷。

他說自己曾經陷入低潮，對弈總是贏不了，怎麼下都輸。當然，他內心很焦急，也嘗試過新穎的戰法，或是出乎對手意料的棋路，試圖擺脫低潮的狀態。不過，他的努力還是無法換來勝利，也沒有順利擺脫低潮。

這時候，他得知了某句禪語。

亦即「任運自在」，這句話也就是「一切交給命運，什麼都不造作」。

意思是「不做、不想多餘的事情，一切聽天由命」，這種順其自然的生活方式，非常接近悟道的境地。

於是，這位棋士後來都秉持「任運自在」的心境下棋。過去，他的求勝心太強烈，做了許多徒勞的努力。他深刻反省後，以輕鬆自然的態度下棋，將勝負交由天命。

結果，他終於獲得勝利，脫離了低潮期。

對於在逆境中掙扎的人來說，這是一句很值得參考的話。

時常畫蛇添足，做太多徒勞無功的事情，反而因此陷入逆境的人，也不妨嘗試看看。

接受天命，順應自然而生
——違抗天命，容易招致苦果

有句禪語叫「行雲流水」。意思是學習天上浮雲、地上流水，才是人類理想的生活方式。

簡單說就是不要違抗天命，要順從自己的命運而生。

「雲」總是隨風飄流，不會違背風的方向。「水」也是往低處流，不會從低處往高處逆流。

人類只要仿傚「雲」和「水」順應自然，就能活得輕鬆自在。

有些時候，不要違抗自然法則比較好。

例如當我們罹患頑痾固疾，必需持續治療一輩子。

有的人無法接受自己的病情，急於治好身上的疾病，嘗試許多荒誕無稽的治療方式，反而導致病情惡化。

就某種意義來說，這也是在違抗天命。通常違抗自身的命運，都不會有好下場。

所以，接受自己得了不治之症，再好好思考如何度過快樂充實的人生，這才是實踐「行雲流水」的生活方式。

捨棄偏執，正視真實

——不受偏執影響，好好正視自己

人往往會因為偏執，做出許多不必要的事情。

某個大學生，生平第一次交了女友。

不過，他有一個偏執的觀念：

「沒錢、小氣的男人，會被女孩子討厭。」

所以每次約會，他都帶女友去高級餐廳，不讓女友出一毛錢，還常送女友高價禮物。

他拚命打工賺錢，但薪資不足以支付開銷，最後，只好老實告訴女友自己沒錢。

女友卻爽快地告訴他：「你不必請我吃飯，也不必送我禮物，我還是很喜歡你啊。」

聽到女友這麼說，他有一種茅塞頓開的感覺。

這時候他才發現，自己的偏執根本沒有任何意義。

禪語有句話叫「物外心」。

所謂的「物」就是指「偏執」。每個人都有偏執，只是程度略有差異。有時候我們會因為偏執，而做出沒有意義的事情。因此，這句禪語是教導我們「重要的是將心思放在偏執之外，心靈不要被偏執束縛。」

本心不被偏執束縛，正是「不受偏執影響，正確了解事物本質」的見地。

人生中有比堅守地位和名譽更重要的事

——捨棄執著，自在過活

對地位和名譽有強烈執著的人，會死命保護自己擁有的地位和名譽。不過，我們捫心自問，人生中最重要的，當真是地位和名譽嗎？也許真正重要的是其他事物吧。

有句禪語叫「無位真人」。這裡的「位」是指「地位和名譽」。「無」並非「沒有」的意思，應該解釋為「不執著」。「真人」則是理解人類正確的生活方式，並付諸實踐的人。

這句話的意涵是，執著地位和名譽不是正確的生活方式，我們不該執著這些事物。

有些生活方式，遠比保護地位和名譽更重要。
就算失去地位，仍能過著熱情追夢的生活，對自己的人生更加有益。
即使失去名譽，若能順從本心自由生活，反而不會抱憾終生。
實踐一個「真人」的生活方式，一定能過上更充實豐富的人生。
這就是這句禪語隱含的教誨。

心平氣和接受天命

——命運無法擺脫

江戶後期的禪僧良寬，有一段這樣的故事：

晚年的良寬，離開了現今岡山縣倉敷的円通寺，那裡是他禪修多年之地。之後他的足跡遍佈各地。

後來，他在三十九歲時回到故鄉越後（現今的新潟縣），蓋了一間小庵堂生活。

在他晚年時，發生了一場造成一千六百人死亡的大地震。

某位好友很擔心良寬，於是寫了一封信給他。

所幸，良寬平安無事。

良寬回信給朋友，上面寫了這樣一段話：

「遇到災禍時只好面對災禍，死亡時只能接受死亡。」良寬的這句話，體現了禪宗的思考方式。

心平氣和接受天命，也是禪宗的一種哲理。

當災難降臨時，不願意接受事實，拚死違抗天命也是沒用的。

誠如良寬所言「遇到災禍時，只好面對災禍」。

將死之際還貪生怕死，為能多活一點而慌亂吵鬧，也是沒有任何意義的，因為命運無法逃避。

畢竟「死亡時只能接受死亡」。

所以不論何種命運降臨，我們都只能坦然面對。這就是良寬說這句話的用意，也是禪宗的思考方式。

生老病死，是人類無法逃脫的命運

——用平常心接受生老病死

有句禪語叫：「人物身心無常，是佛性也。」

這是曹洞宗開祖，道元禪師說的話。

所謂的「人物身心無常」是指人類的身心並非永恆不滅。

人不可能常保青春。

隨著老化，我們的身體會日漸衰弱。

衰弱導致疾病，最後迎向死亡。

佛教常說「老病死」三苦，亦即「衰老、病痛、死亡」是人類無法逃避的三大命運。

而「是佛性也」的意思是，「此乃人類的自然法則。」

並且他說：「既是自然法則，我們也不得不接受。」

時常注重飲食、養成運動習慣常保健康是好事。不過，無論為健康付出再多努力，終究躲不過老病死三苦。

有些人面對這「老病死」三苦，會顯得驚慌失措。也有人會失去希望，變得自暴自棄。

問題是，這三苦是無法躲避的命運，再怎麼反抗掙扎也沒有意義。道元這句話的用意，是要我們一心不亂地以平常心接受事實，過完一段幸福的人生。

遇到難題大吵大鬧，也找不到解決辦法

——不管任何情況，都要秉持樂觀的態度

禪宗有一則故事是這樣的：

某座寺廟陷入了財政上的窘境。

在寺廟裡修行的禪僧，幾乎窮到沒米下鍋了。

某天，負責伙食的禪僧跑去找住持。

他慌張地說：「我們的米用完了，沒有飯可以吃了。」

住持對那個禪僧吐舌頭，然後問他：「我的嘴裡有沒有舌頭？」

負責伙食的禪僧回答：「是，當然有。」

「那有什麼好擔心的，只要有這張三寸不爛之舌，就不愁沒東西吃

啦。」

這段故事裡，吐舌頭的行為其實沒有特別的涵義。住持是在告訴禪僧，遇到任何困境都要心平氣和，懷抱「船到橋頭自然直」的樂觀態度是很重要的。事實上，這種「心平氣和、樂觀以對」也是禪宗的一大教誨。

呼天搶地也解決不了問題，樂觀地冷靜思考，才能想到好的辦法。這段故事是在告訴我們這樣的教誨。

不要為微不足道的小事煩惱

——廣納自然或宇宙之力

有句禪語叫「山河大地，日月星辰，是心也」。這句話是曹洞宗開祖，道元禪師的教誨。

「山河大地」是指大自然釋放的能量。

「日月星辰」則是太陽、月亮、星辰等宇宙萬物蘊含的動力。

「是心也」的意思是「利用大自然釋放的能量和宇宙蘊含的動力，化為我們活下去的力量。」

整天鑽牛角尖，煩惱一些微不足道的小事，擔心一些無關緊要的細節，會對人生愈來愈悲觀。

捨棄這種侷促的觀念和生活，追求更大度的生活方式，才能產生積極正面的動力。

這句禪語，是要我們擁抱「開闊的生活方式」。

因此，偶爾應該置身自然豐富的環境。

或者眺望夜空也不錯。

然後，我們不妨這樣思考：

人不見得要依靠自己的力量活下去。

我們能依靠自然的能量生活。

宇宙蘊含的力量也是不可或缺的。

換言之，我們的身心是和自然宇宙合為一體的。

這樣的觀念，正是掌握「開闊生活方式」的法門。

第四章

捨棄欲望而生

不要貪

——滿足現在的生活

「少欲」也是禪宗的教誨之一，意思是叫人不要貪心，清心寡欲地生活，就能獲得心靈的平靜。

佛教創始者釋迦牟尼，在圓寂之前告訴弟子八大重要教誨。這些教誨分別是「少欲」「靜寂（平心靜氣生活）」「精進（勤奮修道）」「不妄念（恪守佛法）」「禪定（心不亂）」「修智慧（獲得正見）」「認識（正確思考）」「知足（無所求）」。少欲佔八大教誨之首。

身為佛門派系之一的禪宗，特別重視這種思想。

佛教和禪宗之所以看重這項教誨，原因是世上有太多人追求無盡的欲望。

有些人收入可觀，生活也過得很幸福，仍想貪求更多財富。於是，他們進行高風險的投資，或是染指危險的賭博行為，最後招致失敗。

如果幸運成功那就罷了，不過大多數執迷貪念的人，往往會破壞自己幸福的生活。他們原本過著幸福的生活，卻因為想變得更幸福，反而招致不幸的苦果。

這是相當愚蠢的行為，既然生活已經很幸福了，又何必以身犯險呢？所以，我們應該要捨棄貪念。「少欲」的教誨告訴我們，這才是聰明的生活方式。

「知足」才能感受到幸福

——滿足並珍惜現在的幸福

禪宗有句話叫「知足」，就是要我們懂得滿足的意思。

更進一步解釋，如果現在的生活已經很幸福了，就不要再多做奢求，應該珍視這份滿足的心情。

話雖如此，人類的欲望是無窮的。

明明現在的生活已經很幸福，仍然想過得更加幸福美滿。

結果有人因為過於強求而不小心陰溝裡翻船，或是和別人互相欺騙結下惡緣。也有人破壞了原本美好的生活。

這不是聰明人該幹的事。

倘若現在的生活已經很幸福了，那就該知足才是。

不要再貪求其他的東西。

這就是「知足」的禪宗理念。

在中亞有一個名為不丹的國家。

國民大多是虔誠的佛教徒。

不丹舉辦的國民幸福度調查也很有名。國家每年會問人民：「你是否過得幸福？」

關於這個問題，百分之九十五以上的人都回答「很幸福」。

不丹的物質生活遠比日本貧困。然而這個貧困國家的人民，大多抱持著幸福感生活。

換言之，幸福不見得是過著豐饒的物質生活，貧困也能知足常樂。

執著欲望，等於虛擲人生

——捨棄欲望，重拾正常的判斷力

有句禪語叫「磨瓦成鏡」。

「瓦」是日本建築的屋頂放置的瓦片。

再怎麼打磨瓦片，瓦片也不會成為一面鏡子。

換言之，這句禪語的意思是，不要做沒意義的事而虛擲人生。

不過，這句禪語還有其他深遠的涵義。

為什麼人類，總是將人生浪費在沒意義的事情上？

正是因為「想要明鏡」的欲望使然。

「無論如何都想要明鏡」的強大欲望影響了正常的判斷力，所以才會做出「磨瓦成鏡」的愚蠢行為。

只要一天不放棄這個執著，就一天無法了解「磨瓦無法成鏡」的簡單道理。唯有捨棄欲望，才會發現「磨瓦成鏡」純粹是天方夜譚。

其實，因利欲薰心而幹下「磨瓦成鏡」蠢事的人還真不少。有的人想獲得金銀財寶，甚至還到處尋找傳說中平家武士落敗後埋藏寶藏的地點。

除非他們捨棄貪念，否則無法發現自己正因徒勞無功的事情而浪費生命。

人要捨棄欲望，才能真正覺醒。這就是「磨瓦成鏡」告訴我們的教誨。

選擇「物質充裕」還是「精神充實」

——房子不大，也能過得悠閒自在

有句禪語叫「壺中日月長」，這裡的「壺中」字面上看來就是「壺裡面」的意思。

同時，這也代表「人居住的房子」。

換言之，壺中是指「像壺裡一樣狹窄的房子」。

這句話是說，就算住在如此狹窄的房子，也可以度過悠閒時光。

更進一步解釋，與其勞碌工作賺取豪宅，不如在狹小的房子悠閒度日。

這就是禪宗理想的生活方式。

禪宗追求的是精神上的充實，而不是物質上的豐裕。

有些人為了追求物質的豐裕，反而失去了精神上的充實。

禪宗認為，若失去精神上的充實，就更沒必要追求物質上的豐裕，何必這樣辛苦工作賺錢呢？

不要整天庸庸碌碌追求富裕的物質生活。

不如抱持開闊的胸襟悠閒生活，不要汲汲營營才是禪宗的理念。

對一般人來說，這也許是很難理解的思想。不過，這種思考方式有時也是必要的。

無為才能獲得的幸福

——嘗試「無為的訓練」

有句禪語叫「放手反而充實」。

其實，人總是在做一些不必要的事情。

也就是無謂的事情。

我們不斷重複無謂的行為。

整天庸庸碌碌，忙些無關緊要的瑣事。

所以，這句禪語的意思是，叫我們不要再做這些事情。

所謂的「放手」也有停止之意。

當我們不再做多餘的事，才會感受到什麼是「充實」。

這裡的「充實」，是指「真正體會幸福」。

與其做一些沒意義的事而感到空虛，不如無為來感受充實的幸福，這就是禪宗的思考方式。

就某種意義來說，修行者坐禪也是在練習「無為」。

修行者在坐禪時，不會讀書或工作，就只是一直坐在原地。這是在體驗「透過無為來獲得幸福感」的行為。

體驗過「無為的幸福感」，我們才會發現自己做了多少不必要的事情。

一般人也不妨坐禪來體驗這種感覺。

遇上好事，也要保持平常心

——遇上好事，也不要太過洋洋得意

當一個人幸運時，常會得意忘形做出無謂的事情，有時候因此導致重大的災禍發生。

例如，生意興隆賺大錢的時候。

有的人還想順勢賺更多錢，又做了許多無謂的事，結果反而弄巧成拙失去所有財產。

所以，幸運時也有樂極生悲的風險，最好不要太過張揚比較好。

有句禪語叫「好事不如無」。

這裡的好事，是指「幸運」的意思。

「不如無」是指保持平常心，當作好事從沒發生過一樣。
整句話的涵義是，就算有好事情發生，也要表現出若無其事的模樣。
這樣一來才能保持平常心。
保持平常心的人，不會因太過招搖而自取滅亡。
俗話說「勝而不驕」。
意思是，幸運獲勝時，更要保持戒心才行，兩者有異曲同工之妙。
有時候高興過頭，反而會招致慘痛的失敗。

幸運的時候，更該小心謹慎
——順境時更要謹言慎行

中國唐代有一則故事是這樣的：

某個禪僧榮獲一間大廟的住持職位。

他去找自己的師父請益：

「這次，我將背負龐大的責任和名譽，請問有什麼該注意的呢？」

那位禪師的回答，後來成為指導我們生活方針的禪語，一直流傳到現代。

那句禪語是「運勢不可用盡」。出任大寺廟住持，就某種意義來說是很了不起的。

這是一件值得高興的事，榮獲住持的禪僧運氣相當不錯。

不過禪師告訴他，就算有很棒的運勢，也不該將運勢全數用盡。

簡單說，禪師是告誡他，不要得意忘形。

人在幸運時，特別容易得意忘形，最後弄巧成拙。

結果，往往招致重大的災難。

所以運氣好的時候，更要冷靜謹慎，常保謙虛的行為舉止。

禪師開示的正是這層涵義。

平淡樸素的空間，才有深刻的心靈交流

——審慎思考什麼才是「真正的待客之道」

茶道的創始者，是一位叫利休的人物。
他和織田信長、豐臣秀吉等戰國武將是同一個時代的人。
這位利休也篤信禪宗的教誨。
而他創立的茶道，也納入了許多禪宗的思想。
利休創立的草庵茶室就是一例。
他招待客人喝茶的地方，刻意做成類似草庵的構造。
所謂的草庵，是隱居山林的修行僧居住的樸素小屋。
利休仿照禪僧的草庵，茶室裡完全沒有多餘的器物。

既沒有奢華的家具，也沒有裝飾品。
裡面只放了泡茶待客所需的最基本道具。
他認為沒有奢華的器物和裝飾品，才能和品茗的客人產生真正深入的心靈交流。
禪僧之間在深山的草庵相會，互相證心悟道也有異曲同工之妙。
我們在招待客人時，總想帶客人到奢華的房室。
待客的地方，也必需打理得很漂亮。
彷彿這樣客人會比較開心。
不過利休和禪宗認為，沒有多餘的器物，才有深刻的心靈交流，這種想法很值得我們參考。
也許這才是真正良好的待客之道。

從「茶香」中找出幸福與快樂

——享受樸素的生活

有句禪語叫「茶烟永日香」。

意思是「茶的芬芳香味，會持續飄散一整天」。

既然這是一句禪語，裡面自然少不了「做人處世」的道理。

當中的涵義是，「能品嚐到芬芳茶香已經很幸福快樂了，不要再多做奢求」。

套幾句現實的說法：

「想得到幸福，不一定需要高級轎車。」

「人生要快樂，不一定要有別墅。」

「不是只有買名牌貨，才能感受到幸福。」

「想快樂生活，也不用每晚跑高級俱樂部。」

簡單說就是這麼回事。

不要奢求享受，在樸素的生活中尋找幸福喜樂，正是禪宗的生活方式。

可是，一般人很難貫徹這種生活哲學。

其實偶爾買個高級品，住在別墅裡也未嘗不可。

真正重要的是，了解「茶烟永日香」的道理。有幸品嚐香茗已經很幸福了，應該知足喜樂才是。

即使在樸素的生活中也能找出幸福，就不會因為迷失在欲望中而疲於奔波。

眺望美麗的山林，拋去多餘的雜念

——從美麗的自然中汲取「生命的力量」

人生難免有運氣不好的時候，就是會遇到「不管做什麼都不順利，再怎麼努力也拿不出成果」的情形。

這時我們會覺得活著很沒意思，好像至今所做的一切都是枉然。遇到這種情況，接觸美麗的自然來治癒心靈很有效。

有句禪語叫「山色清淨身」，這裡的「山色」是指山林的景色。「清淨身」則是指「清淨身心」之意。

意思是保持清淨的身心生活。

所謂的「清淨身」本身就是禪宗的教誨。

這句禪語是說，當我們眺望壯大的山林景色，就像在聆聽禪宗的教誨，告訴我們抱持清淨的身心生活有多重要。

就算不是信仰佛教或禪宗的人，看到自然美景會感到心靈放鬆，自然美景對他們來說就好比「禪的教誨」吧。

正因如此，自然美景有療癒心靈的效果。

拋棄多餘的雜念，放下空虛和貪欲等妄念，觀賞自然景色即可淨化心靈。

不顧健康工作，總有倒下的一天

——適當休息恢復元氣

有句禪語叫「倦鳥知返」，這裡的「倦」是疲倦的意思。

「知返」則是回到鳥巢休息之意。

這句禪語是說，小鳥飛累了也知道要回鳥巢休息。

也許各位覺得這是廢話，不過若回頭自問：「人類又如何呢？」就會發現這句禪語其實帶有深厚的大道理。

例如，有些人在公司加班已經很累了，卻還遲遲不肯回家，寧願工作到最後一班電車出發前再走。

熱心工作是件好事，但一直持續這樣勉強自己，總有一天會積勞成疾而病倒。

「熱心工作」和「逞強工作」是兩回事。

不要逞強工作對身體比較好。

真的很疲勞時，還是盡早回家休息吧。

這樣隔天才有精神上班。

在工作中安排適度的休息時間，工作效率會更加良好。

如此一來，工作才能做得長久又能維持健康。

這句禪語告訴我們的，正是這個道理。人也要像小鳥一樣累了就休息，換個說法就是順從自然的法則而生。

第五章

逐一解決眼前的問題

逐一解決「目前該做」的每件事

——與其擔心未來，不如專注現在

有些人對未來感到茫然不安，總是煩惱自己的人生在十年、二十年後會變成怎麼樣。

試著思考未來人生沒有什麼不好。可是，只顧著擔心未來，忘了顧好現在該做的事情，日後也無法營造幸福的人生。

有句禪語叫「現成公案」。「現成」是當下的具體事務，「公案」則是該解決的問題。

在修禪的人之中，有些人會擔心自己十幾二十年後的事情：「到那時候我是否就能悟道？」

「現成公案」這句話是在告訴他們：「內心不要被遙遠的未來迷惑，專心處理眼前該辦好的具體問題才是正道。」

所謂「眼前的具體問題」，就好比專心完成坐禪的日課。假如現在內心受雜念迷惑，就該專心排除雜念。

像這樣逐一解決「眼前的具體問題」，將來就能達到悟道的境地。整天煩惱未來，輕忽「眼前的具體問題」是無法悟道的。

其實不論修行或工作，專心處理當下的問題，才是通往幸福前途的法門。

專心處理當下要務，未來自然一片光明

——不要貪功躁進，先處理好當下要務

很多上班族，都希望處理更有成就感的工作。

不過，公司很少給他們這樣的機會。

所以不少人因此而成天焦躁不滿。

有句禪語叫「白雲自來去」。

炎炎夏日，有個農夫在田地裡耕種。

他抬頭仰望天空，上方飄著一朵白色的雲彩。那個農夫心想「要是雲彩飄來這裡替自己遮陽，應該會稍微涼快一點吧。」

偏偏白雲就是不肯來，農夫的心情也愈來愈火大。

可是，一直生氣也沒辦法工作，於是他決定專心處理田裡的工作。久而久之，農夫也忘了雲彩的事情。

等他回過神來，才發現白雲飄到頭頂替他遮陽。這則故事衍生出了「白雲自來去」這句禪語。

所謂的「白雲」是指人的欲望。

整句話的意思是：「我們不該焦急求取自己想要的東西，這樣只是害自己心神不寧。不要勉強追求，專心做好自己該做的事情，自然會得到想要的東西。」

「有成就感的工作」就像「白雲」一樣。

專心處理好自己手頭的工作，「有成就感的工作」自然就會落到自己頭上來。

每一天都是無可取代的

——捨棄不必要的煩惱，珍惜寶貴的每一天

有句禪語叫「日日是好日」。

一般人都認為，這句話是要我們快樂度過每一天。

換言之，「好日」被理解為「美好的日子」或「愉快的心情」。

這也是一種詮釋，但禪宗的「好日」有更深遠的意義。

禪宗的「好日」是說，「每天都是無可取代的一天，要把握當下努力過好每一天」之意。

某個禪師問他的眾弟子：

「半個月後，你們會有什麼樣的心境？」

沒有弟子回答得出來，他們心想：「那麼多天之後自己的心境會是怎樣？不等那天到來，我怎麼會知道呢？」

其中，有一位弟子起身回答：「日日是好日。」

這句話的意思是：「不管哪一天，都跟今天一樣，秉持相同心境，努力精進修行。」

人總是被無關緊要的煩惱影響，糾結一些不痛不癢的小事，整天悶悶不樂。

於是乎，忘記了自己真正非做不可的大事。

「日日是好日」這句禪語，是告訴我們別煩惱沒意義的事情，專注在自己真正重視的事情上。

好好思考，如何以嶄新的心情度過每一天

——保持精益求精的態度生活

每天重複單調的生活，心情也容易倦怠。心情一旦倦怠，就會產生迷惘。

有些迷惘的人會放棄過去的努力，開始從事不一樣的事情，也有人會染上一些不必要的發洩行為。

禪修者也有同樣的問題，畢竟修行的生活是很單調的。

每天在相同時間起床、坐禪、吃飯、掃除、坐禪、就寢，一直重複這種生活。

久而久之心情倦怠，有些人會懷疑坐禪無法悟道，而放棄之前的努力

離開寺廟。沒有離開寺廟的，也可能怠慢修行功課，私底下染上不良的惡習。有句禪語「日日新、又日新」就是用來鼓勵這些倦怠的修行僧，意思是每天要以嶄新的心情度日，好好珍惜每一天。

就算是每天重複著一成不變的單調生活，只要不忘精益求精的態度，找出自己的問題意識，就能秉持新鮮的心情生活。

例如「今天徹底打掃環境」或「今天集中心神吃飯，不要心懷雜念」等等。

這句禪語對厭倦日常生活的人，相信也有很大的益處。主動尋求進步，自然能打破倦怠的心情。

了解生命無常，好好把握時間
——我們沒有時間去做無謂的事情

禪宗之一的曹洞宗，開祖是一位叫道元禪師的人物。

道元說過一句話：「沒有認真思考過『無常』，就無法達成自己的抱負。」

所謂的「無常」是佛教最重要的思想之一。

意思是「世上沒有永恆的事物」。

當然，「人命」也是無常。

人不可能長生不死。

我們的生命所擁有的時間都是有限的。

道元的意思是：「只要了解自己的生命有限，就不會去做沒意義的事情。我們沒有多餘的心力可以浪費。好好把握時間，才能全力完成抱負。」

他進一步說明：「無法完成抱負，表示你基本上不了解佛教的無常觀念。當你以為自己的人生還有很多時間，就容易產生輕慢之心。」

人的一生看似漫長，其實很短暫。整天渾渾噩噩，時間就在不知不覺中消失，什麼都還沒完成，唯有光陰一去不回。

不想在臨老時發現自己虛度人生、一事無成，就得好好了解「無常」的意義。

後悔和擔心都是沒意義的妄念
——專心思考當下該做的事情

後悔自己以前做過的事，擔心未來的各種問題，這些在禪宗看來都是「妄念」。

所謂的「妄念」以禪學角度來說，意指「一直煩惱不可能或不切實際的事情，是一種沒有任何意義的行為」。

我們對於自己做過的事情，總是抱持著「早知如此、何必當初」的悔意：「若當時採取不同的行動，現在一定過得更加幸福快樂。」可是，我們沒辦法回到過去重新開始，這根本是不可能的事情。

因此，後悔過去的行動，哀嘆自己不小心放掉的幸福，是完全沒意義的事情。換言之，這就是禪宗說的「妄念」。

至於未來，終日杞人憂天地擔心：「若結果變成那樣要怎麼辦呢？我的人生就整個毀了……」也是不切實際的事。

將來會怎麼樣，沒有人知道。

人類沒辦法和神明一樣，看透未來的玄機。所以，擔心未來的事情也沒意義。這也是禪宗說的「妄念」。

與其後悔過去、擔心未來，不如專心處理當下的要務。

這個觀念衍生出「莫妄念」這句禪語。所謂的「莫」是「不可以」的意思，也就是要我們拋下後悔與焦慮，好好把握當下之意。

渾噩度日，時間一去不回頭

——年紀愈大，愈了解時間的重要性

在禪的世界裡，時常引用「光陰似箭」這句話。

「光陰」是指「時間流逝」的意思。

「箭」則是「箭矢」。

換言之，這句話是說：「時間過得飛快，和箭矢一樣迅速，一眨眼間就一去不回了。」

所以這句禪語的涵義是，「不要做些無謂的事情、沒時間渾渾噩噩地過日子，要全心全意專注在修禪上才行」。

大家常說，年紀愈大愈覺得時間過得快。

十幾二十歲時，總覺得一年的時間很漫長。

不過中年以後，一年時間「咻」的一聲很快就過了。

從這個角度來說，「光陰似箭」這句禪語對年紀大的人有特別深遠的意義。

年輕的時候繞點遠路，做一些無謂的事情也未嘗不可。

有時候繞點遠路，反而能了解自己適合的生活方式是什麼。

做些無謂的事情，所獲的經驗未來也可能派上用場。

可是，中年後還時常繞遠路，這就大有問題了。的確，有些人年過八十還非常活躍。但一般來說，到了這個年齡要有確切的信念，傾全力去貫徹自己的信念才對，因為我們沒有時間可以浪費了。

畢竟人生是稍縱即逝的。

重視習以為常的事情

——想獲得幸福，不必做什麼特別的事情

有一句禪語叫「左右逢源」。「左右」是指日常生活中很普通的事情。

「源」則是悟道的境界。

「逢源」的意思是達到悟道的境界。

禪宗認為，「不需要為了開悟而去做什麼特別的事情」。好比在瀑布下修行，或者什麼特別的苦修，基本上禪宗並不講究這些方法。

禪宗的修行，不外乎「坐禪」「打掃」「煮飯」「吃飯」「喝茶」

「散步」等等。

除了坐禪以外，其他都是一般人日常生活中習以為常的事。

就算是習以為常的事，只要專心致志即可得證悟道，這就是禪宗的觀念。

這樣的觀念對一般人的生活也頗有益處。

例如，大家都想獲得幸福。

有些人以為：「要獲得幸福就得做什麼特別的事情。」其實根本沒這個必要。

做好日常生活中的每一件事，認真工作、待人誠懇就夠了。

這句禪語的涵義是，「重視並專心做好每一件普通的事情，是非常重要的」。

心性善良的人，也可能突然行差踏錯

——修行永無止盡

有時候我們會看到，平素認真勤勞工作的人幹下令自己身敗名裂的蠢事。

或者，在大家眼中誠實又深得信任的人，意外做出背叛別人的事情。擁有強烈正義感、在眾人面前表明自己非常嫉惡如仇的人，也可能突然因為犯罪被警察逮捕。

周圍的人都驚訝地說：「根本無法想像那個人會做出這種事。」其實，人類本來就會做一些令人意外的事情。

有句禪語叫「晴天霹靂」。

意思是說：「原本萬里無雲的晴朗天氣瞬間驟變，突然響起了打雷的聲音。」

這句禪語是說：「即使是光明磊落、受人敬佩的人，也有突然脫軌、幹下蠢事惡行的可能性。」

那麼，為什麼會發生這樣的事呢？

理由不外乎「大意」「散漫」「過度自信」等等。

因此，保持「一輩子都在修行、修行無止盡」的信念是很重要的。

德性和心性善良受到大家認可，並不是修行的盡頭。

秉持信念謙虛持續不斷地努力，才不會幹下「晴天霹靂」的愚行或壞事。

只要用心思，「無謂的行為」也能變得有益

——什麼行為都不白費，要轉化為自己的助力

有句禪語叫「曹源一滴水」。

在日本岡山縣，有一座源自江戶時代的古老禪寺，名叫曹源寺。江戶時代末期，有個年輕的修行人來到寺廟裡禪修。某天，修行人替禪師燒洗澡水，禪師在裡面說：「洗澡水太熱了一點，請幫我加一些冷水。」

修行人拿桶子裡的冷水來摻入，禪師說：「水溫剛剛好了，不必再加冷水了。」

水桶裡還剩一點水，修行人也沒多想就把剩下的水倒掉了。

禪師斥責修行人說：「你怎麼這麼浪費？剩下的水還可以拿來澆

花。」開頭那句禪語，就是引申「就算只是一滴水，也不能隨意浪費」的意思。

然而，這句禪語還有另一層涵義。

人類從事任何行為，其實只需加點巧思，就能轉化為「有益的行為」。可是，不肯花心思的話，就只是「無謂的行為」而已。

禪師是在告誡弟子，要常花心思讓自己的行為有益。

例如搭乘電車時，一直煩心、後悔也沒意義，就是「無謂的行為」，但若能利用這段時間讀書，就變成「有益的行為」了。

排除生活中「無謂的行為」，努力從事「有益的行為」正是禪宗的哲學。

第六章
洗滌心中的污穢

排除心中的雜念

——安排一段在清靜的環境中面對自我的時間

禪宗有句話叫「洗心」，是指洗滌心靈的意思。

在日常生活中，人心會被各種雜念玷污。

例如「愚蠢的焦慮」、「無關緊要的煩惱」、「微不足道的不安」、「沒有益處的怒意」等等。這些雜念沉積久了，心中就會充滿負面情緒，使人更加沉溺於迷惘之境。而迷惘的人可能做出無謂的事情，造成各種問題。或許也會做出一些不必要的事情，給周遭的人添麻煩。

當心靈被雜念玷污，就容易犯下愚蠢的行徑。

所以，我們必需「洗心」以免做出傻事。

換言之，洗去心中的煩惱、不安、憤怒等多餘雜念，保持心靈潔淨是很重要的。

那麼，具體來說該如何洗心呢？按照禪宗的教誨，首先要進行坐禪。一般人想要排除心中「不必要的雜念」，在日常生活中安排坐禪時間也是個好方法。

坐禪的方法其實並不困難，任何人在家都能自修。不習慣盤腿的人，直接坐在椅子上也可以。

將室內光線調暗一點，讓自己置身沒有電視聲等等噪音的安靜環境中，稍微閉起眼睛放空思緒，秉持無心的要領面對自我。刻意在生活中安排這樣的時間，即可消除壓力度過平靜的生活。

人心本來是美麗純淨的
——拭去心中「感情的污穢」

心性若不勤加修持，久了就會愈來愈污濁。

焦慮、煩惱、憤怒、急躁、貪欲等負面感情，會玷污我們的心靈。

這些污穢的感情，可能害我們做出不必要的事情、捲入不必要的是非。

不必要的是非，亦是引來重大災害的根源。

所以，我們得時常掃除「污穢的感情」。

有句禪語叫「心如明鏡台，時時勤拂拭」。意思是我們的心靈，本如明鏡般清亮。

可是，若都擺著不管它，人心也會像沒擦的鏡子一樣變霧變髒。

換言之，這句話的涵義是，我們的心靈也要「時常潔淨，保持純淨的狀態才行」。

這裡的「時時」是指頻繁之意。「拂拭」則是擦拭潔淨。

如同這句禪語所示，禪宗認為人心本來是美麗潔淨的。就這層意義來說，禪學是一門性善學說。然而，我們在生活過程中，會受到各種外力的影響。

簡單說，我們要排除焦慮、煩惱、憤怒、急躁、貪欲等「負面感情」。

這些東西不該纏擾我們一生。

該如何抵抗誘惑

——心靜自然耳清目明

人心其實並不堅強，我們偶爾會忍不住誘惑，做一些不該做的事情。例如有心減肥，卻受不了甜食的誘惑。或者，醫生說必需戒酒，還是忍不住小酌兩杯。也有考生必須認真念書，卻心性不定跑到戶外玩耍。

當我們快要受不了誘惑，做出不必要的事情時，有一句禪語值得我們參考。

這句禪語叫「閒坐聽松風」。「閒坐」是靜心坐下的意思，「聽松風」講白了就是聆聽涼風吹過松林的聲音。更廣義的說法，不外乎聆聽自然的聲音。

修禪之人，難免也有受誘惑而懈怠修行的時候。好比吃下不該吃的東西，偷偷跑到寺廟外玩耍等等。

當我們快要受不了誘惑時，先靜心盤坐，聆聽風聲、鳥鳴、水流等自然的音律。

像這樣入定聆聽自然的聲音，即可淨化心靈，忘掉「想要犯忌」的誘惑。

觀賞美麗的花朵，滌淨心靈的污濁

——養成賞花的習慣

有句禪語叫「秋菊有佳色」。

「秋菊」是指「在秋季盛開的菊花」。

「佳色」則是「美麗姿色」的意思。

整句話的涵義是，「秋天盛開的菊花十分瑰麗」。

照字面上解讀，純粹是這樣的意思而已。不過，這句禪語當然有更深的寓意。

這句話是在闡述一種洗滌心靈污濁、恢復內心潔淨的方法。

而這個方法就是「眺望菊花」。

其實也不一定得是菊花，任何美麗的花朵都行。

觀賞美麗的花朵，深受美景的感動，自然會洗滌我們污濁的心靈。

日本傳統文化中有一門插花的技藝，名為「華道」。

這門插花的文化，最早也是來自禪的世界。

禪修者把「觀賞插花」當作一種修行，用來除去心靈污濁，恢復內心的潔淨。

後來這個修行法門獨立出來，發展成一門文化，也就是插花的藝術。

因此，站在洗滌心靈的角度來說，偶爾觀賞花朵也很不錯。

排除心靈的污濁，可斷絕欲望或雜念的不良影響。

不要追求會引起爭端的東西

——不要追求會帶來不幸的東西

有句禪語叫「求心歇處即無事」。

所謂的「求心」，可解釋為：「追求對自己人生有害事物的欲望。」

這句話是說，捨棄「求心」的執念，才能平穩無事，以平和的心境度日。

世上有很多人追求身外之物，想過得更加幸福，結果求得後反而變得不幸。

例如，有人認為：「為了獲得幸福，就要賺取很多財富。因為人有錢可以過上奢侈的生活，就能夠幸福快樂。」所以變成了利欲薰心的人。

不過諷刺的是，不少人巧取豪奪大量金錢，捲入了金錢的糾紛中，到頭來嘗盡了辛酸苦果。

這句禪語隱含的寓意是：「我們應該思考自己現在所追求的東西，是否真能帶來幸福？是否真能讓自己過上安穩的生活？」

而如果自己追求的東西，有造成不幸的風險，那麼不要追求比較安全。

確實，有的富人過得很幸福。

相反地，有些人沒錢也過得很幸福。真正重要的是，好好思考什麼是自己的幸福。

發現自己在做沒意義的事情，就不要白費力氣了

——反省自己所做的努力是否真有益處

在諸多禪語中，有些禪語的內容很有意思。

「挑雪填井」就是其中一例。

「挑雪」是指倒入白雪的意思。

「井」就是一般的水井，「填」是填埋之意，這是說某個人用雪塊來填井。

不過，無論他倒入再多雪塊，也沒辦法填滿水井。

因為，雪會溶化成水。

然而那個人沒發現自己這麼做是徒勞無功，還死命往井中倒入雪塊。

這句禪語是說，「世上有很多人正是如此，做一些沒意義的努力，沒發現自己在做無謂的事情」。

當我們發現自己做的事情徒勞無功，就該馬上停止。

這種努力得不到任何成果和回報，又沒有成就感，只會徒留空虛的疲憊感而已。

想要「懸崖勒馬」就得先「發覺現實」。

我們得先發覺自己在做沒意義的事，才有辦法停止。

這句禪語是要我們自省，自己從事的是不是沒有意義的事情，並且給予我們了解現實的機會。

仰賴他人助力，無法達成自身夢想

——靠自己的力量拚到最後

佛教的派別大致分成「自力」和「他力」兩大宗派。

「自力」是講求「依靠自身的力量頓悟得道」的宗派。

「他力」則剛好相反，是指「仰賴佛陀的教誨拯救心靈」的宗派。

禪宗屬於「自力」宗派，當中有一句話是這麼說的：

「見佛殺佛，遇祖弒祖。」當然，這裡的「殺」不是殺人的意思。

這是指「不要依靠」之意。

「祖」則是指導修行的師父。

當一個修行者再怎麼努力，卻始終無法頓悟的時候，難免會想借助外力幫忙。例如祈求佛祖賜予自己靈感，或是拜託師父引領自己悟道。

不過，禪宗認為悟道必需靠自己才行。

就算仰賴外力也絕對無法悟道。

這句禪語是說，仰賴任何外力都是沒用的。與其做這種無謂的事，不如靠自己的力量好好努力。

有些人工作不順時，會想依靠上司或同事。

這種人不妨參考這句禪語。

依賴上司或同事，絕對無法完成自己的工作，也無法幫助自己成長。

自己的工作必須自己完成才行。

用理性的光輝，看清自己的內心

——檢驗心中是否產生「負面的情緒」

有句禪語叫「神光照天地」，這裡的「神」除了指創造萬物的神明外，也包含人類的「理性」之意。而「天地」除了代表世間萬物，也象徵人類的「心靈」。

這句禪語是說，「人類應該用理性的光輝照耀心靈，如同神明光照大千萬物」。

人心難免有各種負面的情緒。

例如，想「即使排擠別人也要出人頭地」。

或者「就算為非作歹也要賺大錢」。

也有人瞞著自己的另一半搞外遇。

瞞著上司偷懶蹺班的人，更是所在多有。

有的人常因這些負面情感，做出一些無謂的愚蠢行徑。

甚至還有人自討苦吃。

所以，不時用理性的光輝照耀自己內心，檢查是否有負面情感，是很重要的事。

人類要行善或為惡，端看自己的內心如何決定。

這也是禪宗時常提醒我們自省的原因。

寫日記就是一個具體的方法。

每天記下自己的想法，試著確認自己的內心。

這樣就能避免自己做出偏差的行為。

保持「真誠直率的心」

——率性而為

有句禪語叫「常行一直心」。這裡的「常行」是指不論何時，都貫徹初衷的意思。

「直心」則是真誠、純粹、坦率、謙虛的心靈。

這句話的涵義是，「無論何時都要保持真誠、純粹、坦率、謙虛的心靈處世」，這是非常重要的事情。

如此一來，就不會做出什麼無謂的事，也不會犯下愚蠢的事情或惡行。

有句俗話叫「勿忘初心」。

意思是「我們做任何事，不要忘了當初開始時最純粹的心情」。禪語的「直心」和「初心」幾乎是相同的意義。

例如，我們剛進公司的時候，內心充滿真誠純粹的幹勁，工作態度也十分坦率謙遜。

不過日子一久，我們就慢慢學會了偷懶的方法。

內心也萌生了苟且偷安的不純念頭。

我們愈來愈不願相信別人。

想法也日益傲慢。

這些感情容易害我們做出蠢事。

換言之，這句話是在強調我們勿忘初心，以免陷於這樣的窘境。與前面的禪語寓意類似，也是勸我們秉持直率的心意處世。

第七章

偶爾不妨沉默以對

堅持「沒必要開口，就不多說」

——聰明人了解「沉默」的好處

很多時候，人際關係是很脆弱的，一些不必要的言詞，會使原本交情良好的人發生爭執。

例如，說出沒意義的冷嘲熱諷，或是完全否定對方的想法，因而激怒對方。

這種談話也容易造成不理性的爭論。

與其和別人發生爭執，不如一開始就堅持「沒必要開口時，就不多說」。

「默」也是一句禪語，是指沉默的意思。這個字眼正是體現「沒必要開口，就不要多說話」的智慧哲學。

和別人吵架會擾亂我們的心靈。

好比受到憤怒之情影響，可能因此說了不該說的話，造成無可挽回的後悔之念等等。

這樣自討苦吃，有違禪宗「安穩度日」的目標。

所以，這句話是在告訴我們，「寧可保持沉默，也不要說出會導致爭執的話」。

當我們受到譏諷，回嘴勢必發生爭執時，記得「沉默」應對。

假如別人主動挑釁，而爭論又沒有任何益處的情況下，也不要反駁對方。

換言之，沉默是保持心靈平穩的祕訣。

不要反覆進行沒有結果的爭論

——與其進行無謂爭論，不如實踐有益的事情

有個關於禪學的故事是這樣的：

中國古代的某間禪寺，有一位修行者問禪師問題。

「狗也具有『佛心』嗎？」

所謂的「佛心」是指如佛陀一般的溫柔之心、值得敬重之心。

禪師只回答一句「無」。

這裡的「無」不是沒有的意思。

禪師的回答，並不是說狗沒有「佛心」。

這一句「無」是指「無用」、「無謂」、「無益」的「無」。

也就是說，「這個問題本身沒有用處、沒意義，辯證了也沒有任何益處」。

關於狗是否有「佛心」這個問題，有的人會說狗和人一樣皆有佛心；也有人會說狗不具備知性，因此沒有佛心。

兩派人馬爭論，也吵不出一個結果。因為誰也不知道狗究竟有沒有「佛心」。這個禪師的意思是，爭吵這種沒結果的問題沒有意義。

「不做無謂的爭執」也是禪宗的教誨之一。與其進行無謂的爭論，不如努力精進自己的修為。

有些人在職場或會議上，會和朋友進行無謂的爭執。他們應該多學學「無」的教誨。

沒有意義的爭論，說再多都沒有用

——放下爭論，做好自己該做的事

某個修行僧，前去拜會一位德高望重的禪師。

修行僧主動挑起哲學上的論戰，例如「究竟什麼叫悟道」、「正確的禪修方法為何」等等。

不過，禪師沒有回答他任何問題。

禪師只說一句話：「一起喝杯茶吧。」

這個故事衍生出「喫茶去」這句禪語。

「喫茶去」是指邀對方喝茶之意。

這句禪語包含兩個意義。

其一，「整天爭論一些歪理，一點用處也沒有，還是不要進行無謂的爭論比較好。」

其二，「有那個閒功夫爭論沒意義的事，不如做好該做的事。」

在禪的世界裡，「喝茶」並不僅是象徵休息的意思。

「喝茶」也是重要的禪修法門之一。

所以修禪時，要秉持「無心」的法門，專心致志地喝茶。

換言之，禪師在告訴這位修行僧，「不要整天說一堆歪理，好好修行精進才是正道。」

有些職員在公司會議上，也會進行無謂的爭論。

依照這句禪語來看，「無謂的爭論說再多都沒用，做好該做的工作比較重要」。

追求心有靈犀的關係

──重視心靈上的交流

佛教創始者釋迦牟尼，在召集弟子說法時有一則軼聞。弟子們問釋迦牟尼：「開悟究竟是什麼樣的境地？」

釋迦牟尼也不講話，僅是拈花微笑而已。弟子們一臉不解，不懂這個行為是何用意。

其中，只有一位弟子也莞爾回應微笑的釋迦牟尼。

釋迦牟尼對他說：「只有你了解我的真意。」

這個故事，後來衍生出了「拈花微笑」這句禪語。

「拈花」是指「拿起花朵」的意思。

換言之，這句話的意思是「拿起花朵微笑」。

當中的涵義是，「優秀的人之間不需要多餘的言語，就能了解彼此的心情」。誠如釋迦牟尼和那位弟子，擁有毋需多言的默契。

在禪的世界裡，特別重視這種「心靈上的交流」。

這也可以說是「以心傳心」。

意指「不需言語，透過心靈交流，了解彼此的心意」。

在人際關係中，有時多餘的言語會使對方產生誤解。我們不妨參考這種哲學，增進親朋好友之間的關係，避免言語帶來的誤會。

做人不要太雞婆

——相信對方的生命力，不必出手相助

有時候我們親切助人，卻會因為「雞婆」惹人厭惡。所謂的「雞婆」是指強迫對方接受不必要的幫助。

有句禪語叫「不雨花猶落」，意思是「就算天不下雨，花也會自動凋零」。

花開是為了留下植物的種子。盛開的花朵終將凋零，植物會結出果實、果實成熟落地，才能長出新的綠芽。

「花落」是一連串生命流程中的一個環節。

也許有人想加速花瓣凋零，而萌生出「主動澆灌花朵」的念頭。

他認為主動澆灌花朵，植物的花朵會更快凋零。

不過，這句禪語的用意是「不必親切幫忙也沒關係。就算天不下雨，植物的花朵也會靠自己的力量凋謝」。

例如某人很努力在完成一件事情。

有人看到他這麼努力，就想親切提供協助。

但這句禪語是說：「對方可以靠自己的力量完成志向，不必多餘的助力。」

如果對方可以獨力完成，旁人還提供多餘的協助，等於是強迫對方接受不必要的東西。這樣反而是在添麻煩。

不矯揉造作的生活方式比較好

——不主張自我，平淡地發揮存在感

禪宗不喜歡單方面強烈自我主張的人。

話雖如此，禪宗並沒有否定人的個性。

「不刻意主張自我，以自然的方式向周圍的人展現自己的特質」，這才是禪宗理想的生活方式。

有句禪語叫「白馬入蘆花」。

「蘆」是稱為蘆葦的植物。

蘆葦多半生長在水邊，每到秋季就會開出白色的花朵。

整句話的意思是，「蘆葦的白花盛開，四周被白花渲染成一片潔白，

白馬走進了飛舞的白花之中」。

蘆葦的花是白色的，白馬的身體也是白色的，因此乍看之下難以分辨。不過，我們還是可以清楚看到白花之中的白馬。

這句禪語是在隱喻人的生活方式。

「白馬入蘆花」是指順應周遭的意思，也就是配合其他人，和大家好好相處。

真正有獨特生活哲學和想法的人，即使身在群眾中還是能彰顯自己的存在感和獨特的個性。

我們沒必要動不動就主張：「我很有自己的個性，我很與眾不同。」真正有特色的人，不用做這種事也會獲得大家的認可。

「不刻意主張自我，仍能獲得認可」這才是禪宗的理想生活方式。

擁有不敗的自信心，就能保持平常心

——激動或威嚇，都是軟弱的表現

有句禪語叫「木雞鳴子夜」。關於這句禪語，有一則故事是這樣的：中國古代有一位很喜歡鬥雞的帝王，所謂的鬥雞是讓公雞互相搏鬥的比賽。

那位帝王命令訓練鬥雞的人，務必要培養出一隻強大的公雞，那個男子馬上遵照王命訓練鬥雞。

某一天，帝王去探視男子訓練鬥雞的情況。帝王對男子說：「這隻雞看起來很厲害，應該可以派上場比賽了吧？」

男子回答：「這隻雞看到對手就厲行威嚇、暴跳如雷，還不能派上場比賽。」

過幾天，帝王又去探視男子。

這次，男子說：「這隻雞已經可以上場了，因為牠看到對手也能保持心平氣和。」

這則故事衍生出了「木雞鳴子夜」的禪語。意思是真正強大的鬥雞，就像木製的雕像一樣不動如山。

「鳴子夜」的「子夜」是「深夜」的意思。按字面上解釋，是「在深夜啼叫」之意。「在深夜啼叫還不會驚動到其他人」，也代表「心思深沉」的涵義。

其實這個道理也適用在人身上，不管在工作上或運動上的競爭對手，真正厲害的人總是保持平常心。他們看到對手或敵人，也不會激動或威嚇對方。因為他們有不敗的自信心，所以可以泰然處之。

尊重不同的價值觀

——寬容地認同他人

不管是工作或私下的人際關係，能夠與人為善是最理想的。

在人際關係上發生問題，會浪費我們生存的精力。與其浪費心力處理人際關係的問題，不如拿來做更重要的事情。

「包容力」是在人際關係上避免問題的關鍵。我們必需包容不同想法、不同價值觀的生活方式。

有句禪語叫「別是一壺天」。

古人相傳，壺裡尚有另一個世界。

「一壺天」就是出自這個傳說的字眼。

換言之，這是形容「壺中的另一個世界」，「別是」則表示壺中的這個世界。

這句禪語是說，「這個壺裡存在一個世界，別的壺裡卻又別有洞天」。

同時，也是在隱喻每個人不同的想法和價值觀。

每個人的心中，都有自己的世界觀，以及獨特的想法和價值觀。

同樣地，別人心中也有不一樣的世界觀、想法、價值觀。

因此，我們不要拘泥自己的想法和價值觀，認同別人的想法和價值觀也很重要。

有這樣的包容力，即可避免不必要的人際關係爭端。這句禪語就是在說明這個想法。

仔細體會對方的「真意」

——了解對方的真意，就能真誠相待

有句禪語叫「開眼」，字面上的意思是張開眼睛。

不過，這不是指現實生活中張開肉眼之意。

背後隱藏的涵義是，對於平常容易遺漏的真實，應該要「睜大眼睛去看」，亦即「了解」的意思。

尤其在人際關係上，擁有「開眼」的意識是很重要的。

這麼說是因為人很容易誤會別人的真意，因而做出一些無謂的事情。

例如，在職場被上司責罵。

上司認為「這個人的才能很優異，需要多多磨練」，所以才愛之深責之切。

可是，有些人誤解上司的真意，以為「上司是討厭自己、看不起自己才罵人的」。於是時常表現出反抗的態度，或是蹺班偷懶等等。

在禪修的領域中，有時候禪師也會嚴厲責罵弟子，但那不是討厭弟子的緣故。

而是對弟子滿懷期待才這麼做的。

所以要了解對方的真意，「開眼」是非常重要的。

大家不妨思考：「為何對方要責罵自己？」

這樣就能了解對方的真意，不會浪費心力去抗拒或偷懶。

同時，我們可以更坦率的心情接受對方的意見。

第八章
了解真正重要的事物

真正重要的事物，其實就在我們身邊

——發現重要的事物就在身邊，才有辦法掌握幸福

有時候，人會做一些自相矛盾的事情。

例如，鑰匙放在口袋裡，卻翻找自己的包包，找不到鑰匙在哪裡。

「騎牛找牛」這句禪語的意思就是，明明自己騎在牛身上，還到處尋找自己的牛跑到哪裡去。

這句話還有一個涵義：「人生中『重要的事物』往往就在我們身邊，但很多人沒有發現這一點，汲汲營營尋求身外之物。」

這句禪語中的「牛」是在隱喻「生命中的重要事物」。

好比有人獲得一個很適合他發揮的工作，結果他沒有發現這一點，整

天想跳槽到其他公司做更有成就感的工作。

也有人娶到了一個好老婆，卻不斷在外面亂搞，想娶一個更適合自己的女人，和現在的老婆離婚等等。

這種人和「騎牛找牛」沒有什麼分別。

不要心猿意馬，發現身邊寶貴的事物才是最重要的。

解決問題的關鍵，往往就在腳邊

——精進過去所學的技藝

有一個故事，是關於賣豆腐的商人。

豆腐商人長年在某個小鎮製作並販賣豆腐，但現在營業額比過去少了很多。

他很煩惱該如何是好：「這樣繼續賣豆腐，遲早生意會做不下去。」

於是，他決定：「除了豆腐之外，也要拓展業務，開始做一些新的生意」，就購入了甜點、麵包、飲料等商品來販賣。

不過，營業額仍然沒有起色。

某一天，他決定賭上自己所學的豆腐技術：「這樣的話只好從頭來過，活用自己多年培養出來的製作豆腐技術，堅持製作美味的完全手工豆腐。」結果這一個方法成功了，大家都說他的豆腐很好吃，營業額也蒸蒸日上。

有句禪語叫「看腳下」，意思是注意腳下。

這句話的涵義是，解決問題的關鍵，往往就在我們腳邊。

當我們遇到問題時，很容易放棄過去的做事方法，開始嘗試某些新的事物。

可是，嘗試新事物通常不會一帆風順。

學習那個豆腐商人精進自己熟練的技藝，搞不好還比較容易成功。

這句禪語告訴我們，答案其實就在我們眼前。

捨棄一切時，反而能看清自己該做什麼

——捨去無用的欲望

有句禪語叫「放下著」。

「放下」是捨去的意思。

「著」則是強調「放下」的用語。換言之，這句話的涵義是：「放下一切未嘗不可。」

既然這是禪語，那麼該捨棄什麼東西，自然和佛教的寓意有關。

例如，放棄「成為有錢人」的欲望。

或者「想成為名人」的欲望。

再不然，捨棄「求取高位、作威作福」的欲望。

這句話的意思，是要我們將這類人性的執迷「全部都捨棄掉」。只有當我們捨棄欲望，回歸最純淨的心靈時，才能看清「對我而言真正重要的是什麼樣的生活方式。」

換句話說，人們看不清「對自己真正重要的生活方式」，整天翻滾於名利欲與虛榮欲之間，才會做一些沒有意義的事情。

追逐這些欲望，到頭來徒留空虛的心情。然而大家沒有注意到這點，不停浪費心力在無謂的事情上。

不敢要求無時無刻，但偶爾參考一下這句「放下著」，重新審視自己的生活是否充滿對欲望的執迷，這也是一個不錯的選擇。

這樣一來，我們就可以看清自己該做什麼。

自以為不可一世，才會做一些沒意義的事情

──捨棄自以為是的態度，發現真正的自己

有句禪語叫「見山是山，見水是水」，這句禪語的意義並不複雜。

意思就是「見山識山，見水識水」。

不過，山水會受到人類主觀意識的影響。

反過來說，這也代表很多人「見山不識山，見水不識水」的意思。

套用這個道理思考，就不難了解「人類自以為是」的問題。

例如，有些人根本沒有音樂天份，卻自以為「我的音樂才華卓絕」，

還想「將來一定能成為藝人大賺一筆」。

結果浪費許多寶貴的時間，做一些沒有意義的事情。

這種人就是所謂的「見山不識山」。

也有人認不清自己的實力，以為自己是天才：「我是天才，就算不努力也會比其他人成功。」當然，有自信心是一件好事，但整天玩樂不肯努力也是一大問題。

「見水不識水的人」很容易陷入這樣的情況。

這裡說的「山」「水」，其實是指「我們真正的原貌」。

自以為了不起的態度，害我們無法認清自己，整天做許多無謂的事情，無法過著充實的人生。了解「真正的自己」才是最重要的。

心生羨慕，才會做出不必要的事情
——貴重的東西其實就在我們手上

人往往會羨慕別人，因此而做出許多不必要的事情。

有一則笑話是這樣的：

某位女性和久違的朋友見面，那位朋友背了一個很棒的名牌包。女性很羨慕她的朋友，於是忍痛提出存款買了個同款的包包。

然而她的丈夫一看到包包就說：「這個包包妳去年就買過了，是妳說包包不適合自己，收進櫃子裡沒再背過。」

這時她才恍然大悟，自己去年的確買了同樣的包包，一直放在櫃子裡面。

她太羨慕自己的好友，竟然又買了同樣的包包。

有句禪語叫「誰家無明月清風」。

意思是「每個人的家裡，其實都能享受明月美景和舒適涼風」。

不過，大家都以為別人家裡才有明月清風。結果心生羨慕做了許多蠢事，卻沒有發現自己家裡也有明月清風。

這句禪語是說，不要一直羨慕別人，而忽略了自己寶貴的東西。

在忙碌的時代中，貫徹自己的生活哲學

——不隨波逐流

就各種意義來說，這是一個「瞬息萬變」的時代。

好比流行或話題，稍微久一點的很快就被人遺忘，各種事物不斷推陳出新。

職場上也有無數的新工作，跟不上時代的東西則逐漸被淘汰。

經濟環境的變化也日益激烈。

在這種瞬息萬變的時代生活，我們很容易隨波逐流，做出無謂的事情自討苦吃。

例如開發某種商品，想趁著流行大賺一筆，結果商品完全賣不出去。

或是得知自己快被裁員，為了挽回不利局面鋌而走險，最後導致嚴重的失敗等等。

與其幹下這些蠢事，不如一開始什麼都不要做。

冷靜面對瞬息萬變的時代，沉穩貫徹自己的生活哲學才是正道。

有句禪語叫「水急不流月」。

河面上映照一輪明月，水流再怎麼快速，月亮也不會流動。月亮的影像一直都停留在那裡，這句話的意思是：「生活在瞬息萬變的時代，也要像月亮一樣不受影響，好好貫徹自己的生活哲學。」這是一句可以充當生活指南的禪語。

不要隱瞞自己犯下的過錯

——莫做愚蠢的事情

當我們做出愚蠢的事情，會拚命隱瞞以免被外人知道。

不過，再怎麼隱瞞也終有曝光的一天。

大家早晚會發現的。

一旦被發現，反而會留下愚蠢無知的惡名。

若不想背負這樣的惡名，一開始就不該去做愚蠢的事情。

有句禪語叫「魚行水濁，鳥飛毛落」。

誠如字面上的意思，當中的涵義並不難理解。

換言之：「魚在水中游動總會捲起底下的泥沙而造成混濁，鳥飛過的話總有羽毛掉到地上。」

這句話的意思是：「生物從事任何行為，無不留下痕跡。」人類的行為也是同樣的道理，當我們做出蠢事或失策時，一定會留下證據。

所以，想要隱瞞自己做過的事，是不可能的。

這句禪語在告訴我們，一開始就不要有幹蠢事的念頭。

領悟「真正有價值的事物」，才能守護健康和財產

——重視自家的優點

有人每天到高級餐廳吃飯喝酒，結果因暴飲暴食而危害自己的健康。

不但如此，那些人必須支付高額的開銷，承擔失去所有財產的風險。

奇怪的是，回到家明明有老婆替他們準備美味佳餚，他們根本沒必要去外面用餐。

他們家裡也有美酒，想喝酒的話也有老婆共飲。

去外面喝酒續攤純粹是多此一舉。

有時候人總會做一些不必要的事情。

有句禪語叫「海神知貴不知價」。

這句話的意思是：「海神知道哪裡有珍奇異寶，但不知道那些寶藏的價值。」

所謂的「海神」，意指這個世界上的某些人。

舉個例子各位就明白了。

有些人雖然知道家裡有美味的佳餚美酒，卻不了解享受自家佳餚美酒的價值何在。

為了家庭圓滿、自己的身體健康，以及經濟因素，在家吃飯喝酒絕對比較好。可是，那些人不了解這麼做的價值，寧願跑到外面用餐。這句禪語是告訴我們，「沒注意到真正有價值的事物，整天做一些不必要的事情，早晚會自取滅亡」。

第九章

我自求我道

心懷大志，突破阻礙

——拒絕妨礙志向的誘惑

有句禪語叫「大象不遊兔徑」。

「大象」是身軀巨大的象，比喻「心懷大志的人」、「才幹卓絕的人」。

「兔徑」則是嬌小野兔行走的道路，比喻「胸無大志的人散漫的生活方式」，或是「沒才能的人享受的無聊玩樂」。

有時候心懷大志、才幹卓絕的人也會鬼迷心竅，被散漫的生活或無聊的玩樂誘惑。

這句禪語是說：「拒絕這些誘惑，貫徹自己相信的正道，方可成就重大的人生目標。」

例如，有個資優生準備報考有名的大學。他放學後必須馬上回家念書，但周圍的朋友回家都在看電視或玩耍，根本沒人念書。

看到那些同學的態度，說不定那位考生也想放鬆玩樂。然而拒絕誘惑，努力念書才能達成他的夢想。

擁有打破障礙的堅強意志，才有辦法成為了不起的人。

不因他人閒言閒語而動心
——相信自己，貫徹自己的生活方式

有句話叫「不動心」，是用來形容禪宗嚮往的精神境界。「不動心」也很常被拿來引用。一般人說的「不動心」和禪宗說的「不動心」，其實沒有太大的分別。

所謂的不動心，意指「堅定不移的心念」。

人心很容易受他人閒言閒語影響。

例如，有的女性決定接受男友求婚。結果聽到周圍的人說：「和那個人結婚不會有好下場。」便心生猶豫。

她開始擔心「是否該和男友結婚」，甚至可能做出和男友分手的決定。

不過，這種人多半會後悔，拒絕結婚後又自責「當初應該和男友結婚的」。

當然，參考身邊其他人的意見很重要。然而，真正重要的是相信自己的價值觀和判斷。

能夠相信自己的另一半，那就不要受到別人影響，貫徹自己的決定比較好。

「參考別人的意見」和「受別人影響」是兩回事，我們不該被別人的言語迷惑。

參考別人的意見，同時尊重自己的價值觀和判斷是很重要的。

發現自己手中的「善良」

——追求健全的生活方式

有句禪語叫「明珠在掌」。

所謂的「明珠」是寶石的意思。

「掌」則是手掌之意。

這句話是說：「我們不必千里迢迢求取寶石，寶石就在我們自己手中。」

不過，這是一句禪語，所謂的寶石不是指真正的珠寶。

這裡的寶石，是指「我們手中的幸福」。

換言之，這句話是在告訴我們，「其實幸福就在我們身旁」。

法國有一則童話叫「青鳥」。

一對兄弟到森林裡，尋找象徵幸福的「青鳥」。

二人四處尋覓，就是找不到「青鳥」。

等他們疲憊地回到家裡。

這才發現「青鳥」就在自家的鳥籠裡。

這則童話的寓意是，「幸福近在咫尺，不必到遠處追尋」。

「明珠在掌」這句禪語，和童話「青鳥」的寓意有異曲同工之妙。

關注自己，不要在意他人目光

——把關注他人的心力，用在自己身上

有些人整天在關注別人。

「那個人，現在過得幸福嗎？」

「那個人有戀人嗎？」

「他的工作進展順利嗎？」

「她假日是怎麼過的？」

諸如此類。

其實關注別人，也實屬人之常情。

不過，整天關注別人的事情，對自己的人生沒有益處，也無法幫助我

們成長。

我們必需以更嚴肅的態度，好好思考自己的事情。

有句禪語叫「回光返照」。

所謂的「回」是指「自己的周圍」。

「光」在這裡當作「意識」比較容易理解。

「返照」則是「轉換意識回頭關注自己」。

這句禪語的涵義是，「別再整天關注自己周遭的人，認真思考自己的人生才是最重要的」。

有時候，嚴肅面對自己是一件很痛苦的事。

因為我們不得不正視自己的缺點。

可是，唯有超越這種痛苦，重新審視自己的生活方式，才能過得更加充實。

唯有清淨自心，才能看清自己該做的事情
——利用美麗的自然和音樂淨化心靈

有句禪語叫「自淨其意」。

「自」是「自己主動」的意思。

「淨」是「淨化、清潔」之意。

「其意」則是指「自己的心靈」。

這句話的涵義是，「主動淨化自己的心靈、保持清淨的狀態是很重要的」。

人心在無意間，會受到「欲望」「憤怒」「虛榮」「嫉妒」等情緒污染。

所以，我們必須有所自覺，主動排除這些心靈的污穢。

心境不淨，就會做一些不必要的瑣事，或是沉迷在沒意義的事物上。保持心靈潔淨，才能看清自己究竟該做些什麼。

如此一來，即可分清「真正重要的事物」以及「無關緊要的小事」。

這種禪宗的思考方式，值得我們一般人借鏡。

時時確認自己的內心，一旦發現心靈被「欲望」或「憤怒」污染，就該主動淨化自己的心靈。

接觸美麗的大自然，聆聽優美的音樂或坐禪，都是具體的淨化方式。

被常識束縛，人生的選擇會愈來愈少

——擁抱多元的價值觀思考人生，不要被常識束縛

禪宗有一種觀念是「捨棄常識，不要被常識束縛」。當我們被常識束縛，就會輕易做出一些沒有意義的努力。

有句禪語叫「雨中見杲日」，所謂的「杲日」是指光輝閃亮的太陽。這句禪語是說，在雨天看到光輝的太陽。

按常識思考這是不可能的。不過，當中的教誨就是「不要被常識束縛」。

例如，有一個在求職的男學生。

他認為「一流企業的待遇較好，未來也比較有保障。要營造幸福的生

活，進入一流企業才是明智選擇」。

的確，一般來說是這樣沒錯。然而，他應徵了將近一百家公司，還沒有一家公司願意採用他。一流企業的競爭率很高，沒有這麼容易擠進去。如果連就職都辦不到，更遑論「營造幸福生活」了。

在這種情況下，他應該捨棄「進入一流企業較好」的常識，轉進值得奮鬥的中小企業。否則，一直應徵一流企業一直失敗，也只是浪費心力而已。

這句禪語在告訴我們，「捨棄常識，人生反而可以獲得更多選擇」。

放棄理論，透過實踐了解如何生活

——別想太多，做看看

有一則和禪有關的故事是這樣的：

某位修行僧很勤奮學習。

舉凡禪學和佛教知識，道場裡沒有人是他的對手。不過，他再怎麼學習也無法悟道。就在他煩惱不已時，他的禪師前來替他解惑。

禪師告訴他：「你總是用理論來思考，所以才難以證悟。」於是，禪師把他珍藏的佛教書籍都燒掉了。

儘管是聽從師父的教誨，他還是無法忍受自己珍視的藏書被燒掉，所以憤而離開了寺廟。

修行僧走在山道上，沿途經過一片竹林。心情鬱悶的他，撿起一塊石頭丟向林中。小石頭撞擊到竹子，發出了「匡」的一聲。他一聽到那個聲音，當下就開悟了。

這個故事的重點，在於「丟出小石頭」這件事。丟石頭的行為，象徵「放棄用理論思考的習慣」。

生活不是一種理論，再怎麼用腦筋思考，也解不開「該如何生活」的問題。

人生是需要實踐的，禪宗認為人要透過實踐來了解人生的意義。修行僧領悟這個道理，終於獲得證悟。

例如，「工作的意義」和「婚姻生活如何經營」，這類問題光靠理論思考是無法解決的。唯有實際經歷工作或婚姻生活，才有辦法一窺堂奧。這就是禪宗的思考方式。

自私終將不幸，無私才能獲得幸福

——避免「自私」的舉動

禪宗之一的曹洞宗，開祖是道元禪師。

這位道元禪師說過：「學習佛道就是在了解自我。」

意思是：「所謂的修禪學佛，其實是在學習『自己該如何生活』的方法。」

道元還說：「了解自我就是忘卻自我，忘卻自我則得證萬法。」

「忘卻自我」是指「放棄自私的舉動，不求利己」。

「得證萬法」的意思是，「不要順應自私的念頭而生，要以『利他』或『追求世界和平』等寬宏的視野和觀念來生活」。

簡單說就是，「我們要為更多人努力，放棄自私自利的念頭」。
擁有這樣的志向，就是「禪修」和「學佛」的意義。
這世界上，有很多人只為自己而活。
不過，這種自私的舉動，往往會導致不幸的人生。所以禪宗才勸我們不要「自私」。
為他人而活，反而能過上幸福的人生。

不可只因擁有知識而滿足

——利用知識充實自己的生活

曹洞宗開祖道元說過，禪修者該看重「現身」的價值觀。所謂的「現身」是指「自己實際的身體和生活」。

這當中蘊含禪學的獨特思考。

禪宗是佛教宗派之一，自然要學習各式各樣的佛典。

不過禪宗認為，學習這些知識必需拿來「清淨身心，實現安穩喜樂的生活」。

如果無法在現實生活中發揮作用，那麼努力學習佛典也是徒勞無功。

例如，有些人會去閱讀自我啟發的書籍。

他們從書本中，獲得了許多和人生有關的知識。

可是，他們不懂如何運用所獲得的知識，浪費了「讀書」所付出的努力。

那些知識要拿來「清淨身心、實現安穩喜樂的生活」，閱讀自我啟發書籍才有意義。

從這種角度來看，禪學是一門非常實際的思想。

所有無益於身心、生活、精神的東西，都是無謂的努力和多餘的行為。

換言之，我們要經常活用知識，不要只是死讀書。

暫時中止肉體和精神上的活動，重新審視自己的人生
——試著在家坐禪

關於坐禪心得，有一句話叫「停息萬事」。

亦即在坐禪時「中止身體活動，靜心入定」是很重要的。

另外，從心靈層面上來說，也是勸我們「拋去一切擔心和煩惱，放下無用的心計，進入無心狀態」。

讓身心處於「停息萬事」的狀態坐禪，即可照見本性。

我們能藉此看清自己今後該如何生活。

同時，反省自己過去被多少無謂的觀念煩擾。

以及犯下了多少愚蠢的行為。

這就是禪的觀念。

據說，現在禪宗寺廟舉辦的坐禪會，也有愈來愈多一般百姓參加了。很多現代人透過坐禪和學禪，找尋自己今後的人生方向，並且拋下不必要的瑣事，追求更加簡單的生活。

其實坐禪不一定要到廟裡，在自己家裡也能坐禪。

在生活中養成坐禪習慣是件好事，每天五到十分鐘就夠了。

坐禪可以幫助我們反思自己的人生。

君子不履險地

——注重安心與安全感

曹洞宗開祖道元說過，「人生在世就像很多人擠在一艘小船上」。

「小船」是缺乏安定性的。

船上的人隨便動一下，可能導致船身傾斜，害別人掉進水裡面。

有時候，整艘船都有翻覆的危險。

因此，在小船上要安分守己，別做無謂的事情。

另外，也不能和身旁的人吵架。

船身不大，在狹窄的空間難免有窒礙的感覺。

不過，我們也不該為了爭取空間，去用言詞挑釁身旁的人。

否則一旦大打出手，可能就會有人因此掉進水裡。

因此，正因為我們感覺窒礙難行，更應該和身旁的人好好相處。

換言之，道元是在告訴我們，「不要做出自招危險的事情，秉持安心安全的哲學生活是很重要的」。

這也是在暗示，「世上有很多人做出自招危險的蠢事」。

結語

捨棄多餘的欲望，才能活得更加愉快自在。
不追求欲望，就不必做無謂的事情。
拋棄討好別人的意圖，才能活得更加自然。
不討好別人，就不必做違心之事。
遠離追求權勢、作威作福的欲望，才能活得更加安穩。
這樣就不會捲入權力的鬥爭之中。
人類的行動，全部源自「內心」。
這就是禪宗的觀念。
所以，想活得簡樸單純，就得先除去「內心」的雜念。
換句話說，我們必需拋棄內心的「欲望」，例如「想受人青睞」或者「想獲得權勢，作威作福」的想法。
正因人心有這些多餘的思緒，才會去做一些無謂的事情。結果，招致了原本不必承受的苦果。

無謂的欲望，引起無謂的行動，帶來無謂的痛苦，這就是佛教所說的業報。

而業報的根源，其實來自於「人心」。

由於業報來自人心，因此禪宗特別重視匡正心靈。

保持心靈潔淨，就會產生許多良善的面向。

生活也將變得輕鬆自在，我們可以秉持自然的態度生活，獲得心靈的平穩喜樂。

本書參考了諸多禪語，提示拋去雜念、保持心靈純淨的方法。

希望當中有一、兩則明訓，能幫助各位掌握幸福的人生。

作者

人生從不做多餘的事開始

一日一禪語的正確生活

（原書名：禪教我不做多餘的事）

作　　者　植西聰
譯　　者　葉廷昭
執 行 長　陳蕙慧
主　　編　劉偉嘉
特約編輯　李道道
校　　對　魏秋綢
排　　版　謝宜欣
封面設計　萬勝安
行銷總監　李逸文
行銷主任　吳孟儒
社　　長　郭重興
發行人兼出版總監　曾大福
出　　版　木馬文化事業股份有限公司
發　　行　遠足文化事業股份有限公司
地　　址　231新北市新店區民權路108之4號8樓
電　　話　02-22181417
傳　　真　02-22180727
Email　service@bookrep.com.tw
郵撥帳號　19588272 木馬文化事業股份有限公司
客服專線　0800221029
法律顧問　華陽國際專利商標事務所　蘇文生律師
印　　刷　成陽印刷股份有限公司
初　　版　2015年8月
二　　版　2018年6月
定　　價　250元
ISBN　978-986-359-551-9

歡迎團體訂購，另有優惠，請洽業務部 (02)22181-1417分機1124、1135

國家圖書館出版品預行編目 (CIP) 資料

人生從不做多餘的事開始：一日一禪語的正確生活／植西聰著；葉廷昭譯.
--二版.-- 新北市：木馬文化出版：遠足文化發行, 2018. 06
面；　公分--（Advice；32）
ISBN　978-986-359-551-9（平裝）
1. 禪宗 2. 修身 3. 生活指導
226.65　　107007858